DES!GN

Martin Bruckner
Klaus Ehm
Christoph Napp-Zinn

Ernst Klett Schulbuchverlag
Stuttgart Düsseldorf Berlin Leipzig

Arbeitsheft für den Kunstunterricht ab Klasse 7

Die Abbildungsnummern beziehen sich immer auf die jeweiligen Seiten.
Quellentexte und Zitate sind durch *Kursivschrift* ausgezeichnet.

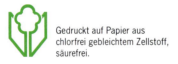
Gedruckt auf Papier aus chlorfrei gebleichtem Zellstoff, säurefrei.

1. Auflage   1 6 | 1998

Alle Drucke dieser Auflage können im Unterricht nebeneinander benutzt werden, sie sind untereinander unverändert.
Die letzte Zahl bedeutet das Jahr dieses Druckes.

©Ernst Klett Schulbuchverlag GmbH, Stuttgart 1993.
Alle Rechte vorbehalten.

Redaktion: Karl Heim, Hannelore Irmer
Layout und Satz: CMB, Stuttgart
Umschlaggestaltung: Klaus Ehm
Druck: Druckerei Gerstmaier, Ravensburg
ISBN 3-12-205950-9

INHALTSVERZEICHNIS

DESIGN!   4

1.   DESIGN – BEREICHE UND BERUFSBILDER

1.1 Einführung   6
1.2 Industrie-Design   6
1.3 Grafik-Design   7
1.4 Berufsbild: Grafik- und Industrie-Designer   9

2.   DESIGNPROZESS

2.1 Frogdesign: Motorrradhelm für die Serie   10
2.2 Hermann Jünger: Schmuck als Einzelstück   16

3.   ANALYSE UND BEWERTUNG VON DESIGN-OBJEKTEN

3.1 Einführung   17
3.2 Die praktische Funktion   18
3.3 Die ästhetische Funktion   20
3.4 Die symbolische Funktion   22
3.5 Wertungen   23

4.   DESIGN UND GEBRAUCHSWIRKLICHKEIT

4.1 Der Eigensinn des Verbrauchers   24
4.2 Gebrauchsalltag gestern, heute und morgen   28

5.   DESIGN UND KUNST

5.1 Was ist Design und was ist Kunst?   30
5.2 Was hat der Gebrauchsgegenstand in der Kunst zu suchen?   32
5.3 Was will die Industrie mit der Kunst?   34

6.   DESIGN-STANDPUNKTE

6.1 Designer – ein Traumberuf?   37
6.2 Die Erwartungen der Kunden   37
6.3 Die Meinung der Hersteller   38
6.4 Gedanken zum Schutz der Umwelt   38
6.5 Die Erkenntnisse der Design-Kritiker   39
6.6 Die Ansichten der Designer   40

7.   DESIGNGESCHICHTE

7.1 Produkt und Form im Wandel   42
7.2 Die Industrialisierung beginnt   42
7.3 Gründerzeit   43
7.4 Reform   44
7.5 Neue Sachlichkeit: Industriedesign   46
7.6 Nationalsozialismus: Volksgeräte   48
7.7 Nach 1945: Design im Wirtschaftswunderland   48
7.8 Nach 1945: Sozialistisches Design   49
7.9 60er Jahre: Die Gute Form   50
7.10 70er Jahre: Alternativdesign   50
7.11 Design heute   51

STÜHLE!   52

8.   DESIGNLEXIKON   54

Literatur- und Bildnachweis   56

Stuhl
Design-Geschichte – Kapitel 7
STÜHLE!

Motorradhelm
Designprozeß – Kapitel 2

Wohnraum
Design und Gebrauchsalltag – Kapitel 4

Brosche
Einzelstück oder Serie? – Kapitel 2
Kunst oder Design? – Kapitel 5

Jeanstasche
Design und Umwelt? – Kapitel 6

Banknote
Grafik-Design – Kapitel 1
Geld und Design? – Kapitel 3

Taschenrechner
Ergonomie – Kapitel 3

Designer
Zwischen allen Stühlen? – Kapitel 6
Design-Geschichte – Kapitel 7

Radios
Design oder Styling? – Kapitel 4

T-Shirt
Kunst oder Gebrauchsgegenstand? – Kapitel 5

Flohmarkt
Gebrauchtes Design oder Design durch Gebrauch? – Kapitel 4

Plastik
Kunst oder Gebrauchsgegenstand? – Kapitel 5

Logo
Grafik-Design – Kapitel 1
Corporate Identity – Kapitel 7

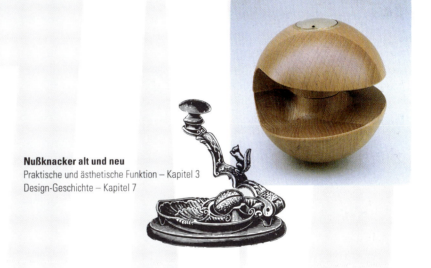

Nußknacker alt und neu
Praktische und ästhetische Funktion – Kapitel 3
Design-Geschichte – Kapitel 7

Sessel
Design oder Kunst? – Kapitel 5
Design-Geschichte – Kapitel 7
STÜHLE!

Auto
Praktische, ästhetische oder symbolische Funktion? – Kapitel 3

1.1 Einführung

Der Begriff »Design« ist heutzutage ein Modewort: Ob es um Fahrrad, Möbel, Radio, Kleidung, Schmuck oder auch Haare geht – Designer sind offenbar überall am Werk.
Was steckt aber hinter dieser Tätigkeit?

Die vier Lexikon-Begriffe *»Plan, Entwurf, Muster, Modell«* helfen weiter: Sie weisen darauf hin, daß es sich bei Design vor allem um den Entstehungsprozeß von Dingen handelt, weniger um fertige Endprodukte. Und richtig: *»Planen und Entwerfen«* sind die wichtigsten Kennzeichen der Designer-Tätigkeit. Dabei ist nicht jeder, der zu Hause eine Vase töpfert oder ein Regal baut, schon ein Designer. Denn bei Design handelt es sich im allgemeinen um die Gestaltung von industriell hergestellten Serienprodukten. Man spricht also besser von »Industrie-Design«, mit dem sich dieses Heft auch hauptsächlich beschäftigt.
Ein zweiter Bereich wird als »Kommunikations-Design« bezeichnet. Hier werden keine Produkte geplant oder entworfen, sondern »Botschaften« in Form von Text und/oder Bild. Der Beruf des Grafik-Designers gehört beispielsweise in diese zweite Sparte.

Bibliotheken vorgeschlage...
Buch; Lücke); De|si|de|ra|ten-
buch (Wunschbuch)
De|sign [disain] das; -s, -s (engl.)
(Plan, Entwurf, Muster, Modell); De|si|gna|ti|on [...zion] die;
-, -en (lat.) (Bestimmung, Bezeichnung; vorläufige Ernennung); de|si|gna|tus (im vor...

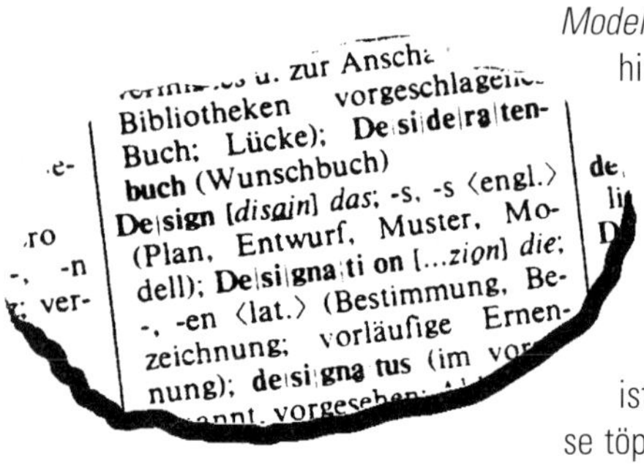

Bild 6.1 Ausschnitt aus dem Duden, 1980

Kommunikation:
Verständigung, Übermittlung von Information, Mitteilung

Graphik / Grafik:
bedeutet ursprünglich Schreib-/Zeichenkunst; heute bezeichnet der Begriff die Kunst bzw. Technik von Handzeichnung und Druck.

1.2 Industrie-Design

Planen und Entwerfen unterschiedlichster Produkte für die Serienherstellung – auch hier geht es nur mit Spezialisierung: Drei Tätigkeitsfelder mit wieder unterschiedlichen Teilbereichen begegnen dem Designer in Ausbildung bzw. im Berufsalltag:

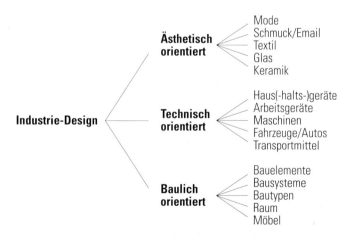

Bild 6.2 Die drei Tätigkeitsfelder im Industrie-Design

Der Designer sollte aber nicht nur sein Fachgebiet beherrschen, er muß auch in der Lage sein, im Team mit anderen Berufsgruppen arbeiten zu können. So entsteht z. B. ein Auto nicht in Alleinarbeit der Designer, sondern Techniker, Ingenieure und natürlich Kaufleute bringen gleichermaßen ihre Erfahrungen und ihr Wissen in die Planungsphase ein. Auch die Meinung der Verbraucher bzw. Kunden wird häufig in Form von Befragungen oder Umfragen in den Planungsablauf einbezogen.
Wie schwierig es ist, so vielfältige und unterschiedliche Gesichtspunkte letztlich in einem Produkt zu vereinigen, zeigt der folgende Überblick in Stichworten (ausführlicher im Kapitel 2 »Designprozeß«):

- Die »Unternehmensphilosophie« (Welches Image verkörpert das Unternehmen, welchen Stil verkörpern die einzelnen Produkte?)
- Die Produktionsmöglichkeiten des Unternehmens (Lassen sich mit den Einrichtungen des Unternehmens alle Materialien verarbeiten?)
- Die technischen Voraussetzungen des Produktes (Wie funktioniert welches Teil, wo muß es untergebracht sein, welche Größe hat es?)
- Die Sicherheitsvorschriften (Welche nationalen oder internationalen Vorschriften müssen beachtet werden?)
- Die Funktion(en) des Produktes (Welche Funktion(en) soll das Produkt erfüllen, wozu wird es gebraucht?)
- Die Bedürfnisse der Kunden (Welche Erwartungen stellt der Kunde an das Produkt?)
- Die gesellschaftlichen Entwicklungen (Wie sieht das aktuelle Kauf-Verhalten aus, was ist in Mode?)
- Das Verhältnis von Produkt und Umwelt (Wie verträgt sich die Herstellung, die Anwendung und die Entsorgung des Gerätes mit dem Schutz der Umwelt?)

So kann erst nach langer Planungs- und Entwurfsarbeit der Designer die Serienfertigung beginnen: Jetzt wird sich zeigen, ob sich das Produkt auch im Gebrauchsalltag bewährt.

Doch bis zum Verbraucher ist es – jedenfalls häufig – noch ein weiter Weg. Der Fachbegriff für diesen Bereich zwischen Produzent (Hersteller) und Konsument (Verbraucher) heißt »Distribution« (= Verteilung). Hier einige typische Fragestellungen:

- Wie wird die Ware verpackt?
- Welches Erscheinungsbild erhält die Verpackung?
- Womit wird sie transportiert?
- Wer vertreibt die Ware?
- Wie wird sie am Verkaufsort präsentiert?
- Wie wird für das Produkt geworben?

Für diese Fragen ist der Industrie-Designer normalerweise nicht mehr zuständig. Diesen Aufgaben widmen sich u. a. Fachleute für Verkauf, Vertrieb, Marketing und Werbung. Aber auch ein Design-Beruf findet sich hier: der Grafik-Designer.

1. DESIGN – BEREICHE UND BERUFSBILDER

1.3 Grafik-Design

Die meisten Grafik-Designer arbeiten in der »Distribution«, genauer gesagt im Bereich der Werbung. Das eigentliche Tätigkeitsfeld der Grafik-Designer ist aber grundsätzlich umfassender:

... der ausschlaggebende Kern der Aufgaben und Tätigkeiten ihres Berufes kommt erst durch den zweiten Wortteil der Berufsbezeichnung zum Ausdruck. Die berufliche Aufgabe des Grafik-Designers ist es, Bildaussagen zu planen und zu entwerfen, die geeignet sind, beim Betrachter bestimmte Verhaltensreaktionen auszulösen oder ihm Informationen verständlich zu machen. [...]
Der Grafik-Designer plant und entwirft Bild-Ideen, die er mit dem Ausdrucks- und Gestaltungsmittel der Grafik realisiert. Dies weist ihm sein generelles Aufgabengebiet zu: die visuelle Kommunikation. Darunter versteht man den Gesamtkomplex aller Bereiche und Aufgabenstellungen, in denen es darum geht, durch bildhafte Gestaltungen, die über das Sehen wahrgenommen werden, inhaltliche Aussagen (Mitteilungen und »Botschaften«) zu übermitteln, die zwischen dem Absender und dem Empfänger eine Verbindung (Kommunikation) herstellen.

(Blätter zur Berufskunde, Grafik-Designer/Grafik-Designerin, 1989)

Was mit »Verhaltensreaktionen auslösen« und »Informationen verständlich machen« gemeint sein kann, wird deutlicher, wenn man die drei Tätigkeitsfelder der Grafik-Designer betrachtet.

Bild 7.1   Die Tätigkeitsfelder im Grafik-Design

Werbung und Öffentlichkeitsarbeit

Wer heute über »Werbung« spricht, denkt dabei natürlich zunächst an Beispiele aus dem Bereich der Warenwelt. Doch längst hat sich der Einflußbereich der Werbung erweitert und umfaßt jetzt praktisch alle Bereiche unserer Gesellschaft, wie Politik, Wirtschaft, Kultur und Sozialwesen.
Ein Grafik-Designer hat in allen Fällen die Aufgabe, eine Bildaussage so zu planen, daß die Betrachter als Käufer, Benutzer, Leser oder Bürger eine Botschaft ernst nehmen und in gewünschter Weise handeln, also z.B. ein bestimmtes Produkt kaufen, eine Dienstleistung in Anspruch nehmen, eine bestimmte Partei wählen oder ihr Verhalten gegenüber anderen ändern (z.B. Plakate im Straßenverkehr: »Nehmt Rücksicht...«).

Bild 7.2   Werbewand zur Müllvermeidung

Didaktik: Visuelle Hilfen für das Lernen

Das zweite Tätigkeitsfeld zielt auf »Bildung« im weitesten Sinne. Macht man sich klar, daß ein Lernstoff leichter bewältigt wird, wenn er übersichtlich gegliedert und mit anschaulichem Bildmaterial versehen ist, so eröffnen sich hier dem Grafik-Designer vielfältige Aufgaben: Unterrichtsbücher, Schautafeln und -bilder, Filme, Modelle usw. In diesen Zusammenhang gehört auch die »Gebrauchsanleitung«, die durch Bild und Text die Handhabung neuer und neuartiger Geräte und Maschinen erleichtern soll.

Bild 7.3   »Gebrauchsanleitung« für das Gurtschloß eines Auto-Kindersitzes

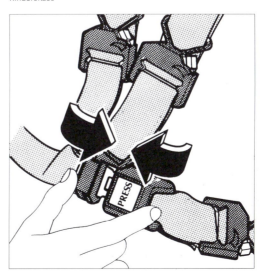

7

1. DESIGN – BEREICHE UND BERUFSBILDER

Bild 8.1 Orientierung: Beispiele der »neuen« Verkehrszeichen

Orientierung

Den dritten Bereich »Orientierung bzw. Orientierungshilfen« kennt man aus dem Straßenverkehr. Am Beispiel der Verkehrsschilder wird deutlich, daß viele Grafik-Design-Aufgaben sehr umfassend und komplex sind: Verkehrszeichen müssen so gestaltet sein, daß Bild und Text rasch und eindeutig erkannt werden, alle Zeichen müssen in Zusammenhang stehen, damit Gebote, Verbote oder Hinweise leicht und sprachunabhängig begriffen werden.

Orientierungssysteme sind aber nicht nur im Straßenverkehr wichtig. Auch in großen öffentlichen Einrichtungen (Flughafen, Krankenhaus, Museum, Stadion usw.), im Bereich der betrieblichen Organisation, praktisch in allen Bereichen, wo über sichtbare Informationen eine Orientierung ermöglicht werden soll, findet der Grafik-Designer seine Aufgaben.

Bild 8.2 Anwendungsbeispiel des Grafik-Designs: Geldschein

Bilder 8.3–5 Anwendungsbeispiele des Grafik-Design: Corporate Design/Corporate Identity
Aufgabe des Grafik-Designers ist hier nicht nur der Entwurf des Emblems (links). Auch die Wirkung dieses Zeichens in unterschiedlichsten Bereichen wird geprüft und geplant. (Bild unten links: Gestaltung der Uniformen, Bild unten rechts: Leitwerk einer Boeing 737). Dies alles ist Teil des visuellen Erscheinungsbildes der Lufthansa: ihr Corporate Design.
Berät der Grafik-Designer noch in Fragen, die z. B. den Umgang der Besatzung mit den Fluggästen oder das Auftreten des Unternehmens in unserer Gesellschaft (z. B. finanzielle Unterstützung von Ausstellungen) betreffen, so arbeitet er mit an der »Corporate Identity« des Unternehmens: an der »Firmenpersönlichkeit«.

Anwendungsbeispiele

Innnerhalb der großen Tätigkeitsfelder »Werbung – Didaktik – Orientierung« kann die konkrete Arbeit des Grafik-Designers sehr vielgestaltig sein, wobei der technologische Fortschritt immer wieder neue Aufgabenstellungen hervorbringt. Der Grafik-Designer gestaltet u.a.:

- Marke, Emblem, Signet
- Geschäftspapiere,
- (Ver-) Packungen,
- Prospekt und Katalog,
- Anzeigen,
- Buch und audio-visuelle Medien,
- für die Presse,
- Wissenschaftliche Schaubilder/Grafik,
- Technik-Illustration,
- Karte, Schmuckblatt,
- Plakat und Display,
- Ausstellungen, Messe und Außenwerbung,
- Textil, Dekor und Mode,
- für Film, Fernsehen und Audiovision (AV),
- Urkunde und Wertpapier,
- Organisation und Lehrmittel,
- Spiel und Spielausstattung,
- Produktaussehen und Produktgrafik,
- Erscheinungsbild (Corporate Design),
- für Bildschirmtext (Btx),
- für Computerunterstütztes Design (CAD) und
- Desktop-Publishing (DTP).

(Zusammengefaßt nach Blätter zur Berufskunde, Grafik-Designer/Grafik-Designerin, 1989)

1. DESIGN – BEREICHE UND BERUFSBILDER

Bild 9.1   Anwendungsbeispiel des Grafik-Designs: Produktgrafik bei einem Taschenrechner

1.4 Berufsbild: Grafik- und Industrie-Designer

Der Designer-Beruf erfordert in der Praxis höchste Qualifikationen. Zwar ist die Berufsbezeichnung nicht geschützt und jeder kann sich Designer nennen, doch Voraussetzung zum Erfolg ist eine umfassende Ausbildung. Das Diplom, das es in Deutschland erst seit den siebziger Jahren gibt, erwirbt man am Ende eines Studiums an einer Fachhochschule, Akademie oder Universität.

Designer müssen ebenso zu einer schöpferischen wie zu einer handwerklich-technischen Gestaltungsleistung fähig sein. Sie lösen ihre Aufgaben nicht nur theoretisch, sondern in vielen Fällen auch praktisch:

- Sei es, daß der Industrie-Designer Modelle mit bestimmten Materialien herstellt oder verfahrenstechnische Lösungen mit bestimmten Werkstoffen entwickelt (z.B.: Aus welchem Material lassen sich die Teile eines Fahrradrahmens kostengünstig herstellen und montieren?),
- Sei es, daß der Grafik-Designer über den groben, planerischen Entwurf eines Bildes oder Plakats hinaus eine »Reinzeichnung« ausführt, die als Vorlage für die weitere Verbreitung (z.B. Druck) dienen kann.

Dabei läßt sich auch ein grundsätzliches Mißverständnis klären: Jemand, der »nur« Modelle baut oder Zeichnungen für neue Autos erstellt, ist noch lange kein Industrie-Designer. Und die Ausführung von Reinzeichnungen oder Herstellung von Druckvorlagen ist noch lange nicht die charakteristische Beschäftigung des Grafik-Designers.
Von den Berufen »Modellbauer«, »Grafiker« oder »Druckvorlagenhersteller« wird eher handwerklich-ausführende Arbeit erwartet, vom Designer aber verlangt man zusätzlich kreative und eigenschöpferische Leistungen sowie die Fähigkeit, umfassende Planungs- und Entwurfsprozesse steuern zu können.

Designer arbeiten entweder als Angestellte eines Unternehmens oder als freiberuflich Tätige. Die Bezahlung ihrer Leistungen richtet sich nach Alter bzw. Erfahrung und Qualifikation. Entwürfe und Produkte sind durch das Urheberrecht und das Geschmacksmustergesetz gegen Kopien und Plagiate geschützt.

Aufgaben

▼ Versuche, eine Anforderungsliste für Planung und Entwurf eines Fahrrades zusammenzustellen. Wieviele Gesichtspunkte findest du?

▼ Wo ergeben sich Möglichkeiten zur Zusammenarbeit von Grafik- und Industrie-Designer? Nimm die Abbildungen dieses Kapitels zu Hilfe.

▼ Vergleiche die »Bilder« auf Verkehrszeichen mit den gleichen Motiven in der Werbung (z.B. Anzeigen mit Autos, Kindern usw.). Wie unterscheiden sich die Bilder? Was hat sich der Grafik-Designer dabei gedacht?

▼ Gestalte einen Verpackungskarton bzw. eine Verpackung mit dem Ziel, den einzupackenden Inhalt auf der Außenseite/ Verpackung gut und schnell erkennbar abzubilden.
Außerdem soll die Art der Kartonöffnung angezeigt werden (»Gebrauchsanleitung« aus Schrift, Zeichen, Bild usw.). Achte dabei auf Deutlichkeit von Schrift und Bild!

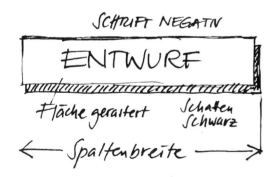

Bild 9.2   Skizzenhafter Entwurf (oben) und Reinzeichnung (unten)

Bild 9.3   Was aus einem Verkehrszeichen werden kann ...

2. DESIGNPROZESS

Nicht nur die Motorradhersteller stehen in hartem Konkurrenzkampf: Auch die Zubehörindustrie muß sich in diesem durch steigende Kosten und ein ausgeprägtes Sicherheitsbewußtsein enger werdenden Marktsegment etwas einfallen lassen, um gegenüber der Konkurrenz bestehen zu können.
Der traditionsreiche Motorradhelmhersteller Greco (Name geändert) will sich mit innovativem Design von den Mitbewerbern absetzen und bat deshalb die international erfahrenen Spezialisten von frogdesign um Unterstützung.
Wir fragten den Produktgestalter Thomas Gerlach, um die Arbeitsweise eines Designers aus erster Hand kennenzulernen.

2.1 Frogdesign: Motorradhelm für die Serie

Herr Gerlach, warum kommt Herr Greco zu frogdesign? Kann er den neuen Grecohelm nicht selbst entwerfen?

Der Kunde kommt zu frogdesign, weil er unser Image kennt, sicher auch Projekte, die wir schon verwirklicht haben. Er hat die Hoffnung, daß wir die Aufgabe besser lösen können. Bei allen kreativen Prozessen gibt es aber eine gewisse Unsicherheit. Deshalb ist in unserer Branche sehr viel Vertrauen nötig.

Und wie bauen Sie dieses Vertrauen in den ersten Gesprächen auf?

Man gibt sich gegenseitig das Gefühl, daß man einander versteht. Natürlich werden auch die professionellen Dinge abgehakt. Im ersten Gespräch wird das Projekt angerissen. Wir machen ein Angebot. Hauptsächlich geht es darum, Designerkompetenz zu zeigen: man zeigt, daß man weiterdenkt. Man will ja nicht die Lösung, die der Kunde im Kopf hat, man möchte neue Lösungen.

Wie macht man nach der »Schnupperphase« weiter?

Es wird sofort sehr konkret beim sogenannten *Briefing*. Das ist ein Hin und Her zwischen den Partnern. Er schildert sein Problem, wir geben eine Antwort. Er definiert sein Problem nochmal, und ich definiere meine Antwort. Das ist das gemeinsame Briefing, ein Prozeß.

Wie geht es los?

Man fängt an mit der Marktsituation. Was ist überhaupt am Markt? Dann, wo steht das Unternehmen in diesem Markt? Wie kann man die Mitbewerber faßbarer machen? Wie ist das Verhältnis zwischen Markenimage (»AMEX ist innovativer als Greco«) und Produktimage (»Grecos alter Helm ist konservativer als AMEX Helm cinque«)? Dabei wird immer wieder gefragt: Ist es überhaupt richtig, was der Designer tut? Wir tun so, als gebe es das noch nicht, was wir vorhaben.

Nach dieser eher wissenschaftlichen Arbeit wird man wohl konkreter, um das Produkt zu definieren?

Aus den Untersuchungen wissen wir, in welchen Marktbereich wir möchten, welche Preisgruppe wir anstreben. Wir wollen aber noch keine konkreten Lösungen definieren, eher beengende Klammern weiter öffnen.
Hier hilft uns die sogenannte Positionierung des Produktes. Man bildet ein Kreuz mit den Eigenschaften konservativ, innovativ, emotional und rational. Greco lag früher zwischen konservativ und rational. Dann kam vom Konkurrenten ABS ein Helm auf den Markt. Der war schon innovativer, aber trotzdem noch rational. Als Ziel ergab sich für uns, Greco emotionaler und innovativer zu machen. (Bild 10.1)

Wie kann der Motorradhelm ein »emotionaler« Helm sein?

Wir wollen nicht die emotionale Botschaft »Ich komme gerade aus Le Mans«, den Rennaspekt. Wir wollen die Botschaft: emotional = intelligenter.

Was bedeutet es bei einem Motorradhelm, intelligenter zu sein?

Nicht Rennsport, sondern Serie! Nicht Rasen, sondern Freude am Motorradfahren empfinden, sich schützen wollen, innovativ sein.

Ist das nicht ein Widerspruch: Sich schützen und zugleich innovativ?

Nein, man muß Wortfabeln finden. Der Helm kann z.B. innovativ sein, weil man ihn nicht einfach über den Kopf stülpt, sondern »einsteigt«, wie z.B. in eine Ritterrüstung.

Wie werden die Ergebnisse zusammengefaßt?

Das Ergebnis des Briefings ist ein verfeinertes Angebot, zehn Seiten, eine detaillierte Ausarbeitung mit Marktanalyse, Unternehmensanalyse, Positionierung des Produktes, Produktdefinition, gewünschten Designleistungen, Projektphasen, Zeit- und Kostenrahmen. Briefing ist ein großes Bild, eine Strategie. (Bild 11.1, 11.2)

Hat das Unternehmen Ihre Strategie auf Anhieb verstanden und akzeptiert?

Selbst der Pförtner war davon überzeugt. Das will schon etwas heißen.

Nun wird Ihre Arbeit vermutlich immer konkreter und auch materieller?

Ja, aber erst nach einer Kontaktpause. Wir haben bis jetzt eine Menge gelernt. Wenn der Vertrag unterschrieben ist, befinden wir uns in der Phase eins: Wir nennen sie *Kreation des Designs*. Wir schauen uns die Firma genau an, die Fabrikation, alles. Wir lassen uns Nachhilfeunterricht geben über die ganzen Nor-

Bild 10.1 Positionierung des neuen Greco-Helmes im Feld der Mitbewerber

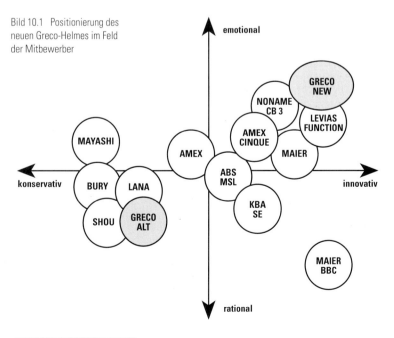

2. DESIGNPROZESS

men, Verfahren, usw. Uns unterstützen die besten Lehrmeister des Unternehmens. Man will natürlich, daß wir so schnell wie möglich Experten werden. Ab Phase eins beginnt das eigentliche Projekt und dafür erhalten wir Geld. Der Aufwand bei Kundenkontakt und Briefing ging auf unser Risiko.

Sie machen sich im Unternehmen schlau ...

... und auf Messen, überall. Man geht zum Motorradhändler, fragt ihn nach Preisen, »was hältst du von Greco?« ohne zu sagen: »Ich bin der und der.« Man fängt an, über Helme zu reden. Und dann hatte man ja vorher diese Begriffe: Was ist emotional? Intelligent? Konservativ? Wenn man Intelligenz fordert, muß man etwas sehr Innovatives, etwas sehr Pfiffiges finden. Es hätte ja auch eine andere Strategie sein können, etwa einen Helm der Fifties zu machen, mit Halbschale ...

... vorne ausgeschnitten, im Easy-Rider-Stil?

Ja, das hätte auch die Strategie sein können. Aber dieser ganze Bereich ist schon vom Tisch, genauso der Rennbereich. Es interessiert nur noch emotional-intelligent, so daß man jetzt konzentriert zur Sache gehen kann.

Und dabei kommen Ideen?

Ja, jetzt wird gedacht. Ich will, daß unsere Mitarbeiter denken. Man muß mit dem Baby, das man be-

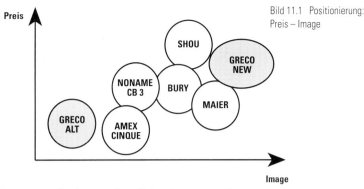

Bild 11.1 Positionierung: Preis – Image

kommen soll, eine gewisse Zeit schwanger gehen. Man muß sich einfach mit den Dingen beschäftigen, muß ein kreatives Umfeld für sich aufbauen, ein Gefühl für die Aufgabe bekommen – da hat jeder unterschiedliche Techniken. Ich, z. B., hasse es, wenn ich mich durch einen Stapel Skizzen wühlen muß, weil mir das nichts bringt. Es zeigt eigentlich nur, daß man noch nicht weiß, was man will.

Die Designer sind präpariert, Gedanken schwirren durch den Kopf, Assoziationen tauchen auf, verschwinden wieder. Wie bereiten Sie diese Ideen auf?

Das ist meistens einfach, weil die Ideen sehr einfach dargestellt werden. Wir erzählen Geschichten – das kann man auch ohne perfekte Zeichnung, denn es geht ja noch nicht um das konkrete Design.

Bild 11.2 Strategie und Design: Das neue frogdesign-Konzept

GRECO – STRATEGIE

1. **Entwicklung einer neuen Produktkultur**
   Die Marke und ihre Produkte müssen geliebt werden.
2. **Aufbau einer neuen Produktidentität**
   Nur durch neue innovative Produkte läßt sich die Marke »upgraden«, die Kompetenz erhöhen. Dies läßt sich am besten mit einer Produktfamilie »Hochwertiger Motorradhelm« erreichen.
3. **Übertragen der Kompetenz**
   Hierfür ist es wichtig, mehrere Designebenen zu finden.
   1. Anmutung von Sicherheit
   2. Visualisierung von Tragekomfort
   3. Symbole für »Schließen« und »Verstellen«
   4. Sportliche und modische Attribute
4. **Features**
   Bei den Features ist es aber ganz entscheidend, daß sie wirklich perfekt durchgearbeitet und sinnvoll sind, anderenfalls begeben wir uns auf die Stufe der Billiganbieter, die versuchen, über Pseudo-Funktionen Image zu gewinnen.
5. **Konkurrenzsituation**
   (Inter-) Nationale Anbieter drängen immer stärker auf den deutschen Markt und kämpfen um eine Image-Steigerung.
   • AMEX kommt mit einem sehr guten Designimage aus dem Brillensektor, hat aber noch nicht die Kompetenz für Sicherheit und höchste Qualität.
   • MAIER fehlt nur noch die formale Umsetzung ihrer Innovationen und Qualität in eine Designstrategie.
6. **Marketingideen**
   Neben neuen Produktideen sollten wir über Marketingstrategien diskutieren, wie z. B. Überholungsservice von Helmen. Das bedeutet, Helme werden eingeschickt, von Greco geprüft und gegebenfalls Teile wie Visier, Innenausstattung, etc. ausgetauscht. Dies gibt dem Händler/der Marke mehr Kompetenz.

Die sechs Punkte zeigen, daß die neue Helmgeneration nicht nur eine reine Design- oder Innovationslösung sein darf, sondern ein perfektes Zusammenspiel aus:

Strategie, Innovation, Technologie, Qualität, Design, Marketing/Sales, Finanzen

GRECO – DESIGN

»Gestalte das Produkt sorgfältig, so, daß es den Kunden emotional positv und kompetent anspricht«.

1. **Lifestyles**
   • Wer soll durch das neue Produkt angesprochen werden?
   • Welche Bedürfnisse hat diese Zielgruppe?
2. **Designstrategie**
   Folgende Punkte sind besonders wichtig:
   Definition der Designstrategie, Definition der Produktrange »Hochwertige Motorradhelme«, Übersetzbarkeit der Designstrategie in die Produktrange, Übersetzen in die Produktfamilie »Hochwertige Motorradhelme«, das Design muß aus dem Produkt ein echtes Image-Produkt machen, Integration des Logos, die Designsprache muß auf andere Produktfelder wie Fahrrad/Skifahren/Bergsteigen/etc. übertragbar sein.
3. **Designlanguage**
   Emotional positiv, kompetent/sicher, visionär, eigenständig, radikal, hohe Wertigkeit/Sicherheit
4. **Umsetzung**
   Die Umsetzung des Konzeptes muß genauso professionell wie die Konzeption erfolgen. Das Konzept muß dabei verfeinert und nicht verwässert werden. Das Produkt muß dem Anspruch nach Qualität gerecht werden. Ziel muß sein, daß das Produkt so gut ist, daß der Kunde auch das Nachfolgeprodukt kaufen würde.

2. DESIGNPROZESS

Bild 12.1 Das Prinzip der Wollmütze: Die Ohren rollen sich beim Anziehen nicht auf.

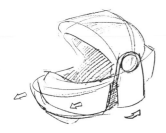

Bild 12.2 Prinzip Wollmütze: Öffnen (oben) und Schließen (unten) des Helms durch Verschieben des Kinnbügels.

Erzählen Sie uns doch eine Ihrer Geschichten.

Denken Sie an die Positionierung, also an den ins Auge gefaßten Marktbereich, an Emotion, Innovation, Intelligenz. Wenn man einen klassischen Helm aufsetzt, rollen sich oft die Ohren auf, weil er eng sitzen muß. Das stört sehr. Jetzt setzen Sie einmal etwas anderes auf. Wie setzt man z. B. eine Wollmütze auf? Man hält sie auseinander und zieht sie runter – die Ohren rollen sich nicht auf. Oder: Wie steigt man in eine Rüstung ein? Man klappt sie auf. Deshalb war die Grundidee, daß ich die Seitenteile wegklappe und »einsteige«. Das ist nachher etwas in den Hintergrund getreten, aber trotzdem: Sie entriegeln die Kinnpartie, schieben sie nach vorne und öffnen damit den Helm weit, um ihn bequemer aufzusetzen – das Prinzip der Wollmütze. (Bilder 12.1, 12.2)

Dann setzt man sich zusammen, sichtet die Ideen, bewertet sie und wählt aus?

Jede Idee, auch wenn sie scheinbar daneben liegt, ist wichtig. Wenn eine Idee rausfällt, dann nicht unbedingt, weil es eine schlechte Helmidee war. Sie paßt einfach nicht zur Zielsetzung. Wir wollten z. B. auch einen Spoiler am Helm. Wo sollte der Spoiler aber angebracht werden? Wir halten den Spoiler hinten am Helm für wichtiger, weil der Spoiler dort durch Unterdruck eine gute Entlüftung des Helmes gewährleistet. Ist der Spoiler oben am Helm angebracht, kann zwar bei hoher Geschwindigkeit der Kopf ruhiger gehalten werden, die Entlüftung ist aber schlechter. Zu unserer Zielvorstellung paßte besser eine gute Entlüftung, deshalb wurde die Idee mit dem oberen Spoiler aussortiert. (Bilder 12.3, 12.4)

Wird das vom Ideenfinder einfach so hingenommen?

Das ist ein demokratisch-undemokratischer Prozeß und oft hart für junge Designer. Uns als Unternehmen interessiert natürlich das Seelenheil eines jungen Mitarbeiters, aber mehr noch interessiert das große Ganze!

Bis jetzt hat sich der Designprozeß nur in den Köpfen der Beteiligten abgespielt. Es existieren wohl einfache Skizzen ...

Das Konzept steht also erstmal. Was skizziert wurde, erläutert nur, daß man eine Mütze aufsetzt, indem man sie an den Ohren auseinanderzieht. Oder man hat hinten einen Spoiler, weil es logisch sein könnte,

daß die Luft aus dem Helm besser entweicht und viele andere Geschichten. Nun wird dieser Ideenpool in die ersten richtigen Skizzen und Zeichnungen übersetzt, mit konkreten Maßen, obwohl es auch in dieser Phase noch keine Rolle spielt, ob der Sehschlitz 12,3 Grad hat oder 15,2.

Lassen Sie auch dreidimensionale Modelle bauen?

Sofort. Das ist eine unserer Formen der Skizze. Ich kann z.B. überhaupt nicht zeichnen. Ich lasse ein Modell bauen. Wichtig ist, daß Sie im Kopf wissen, was Sie wollen. Das Bild muß im Kopf fertig sein.

Mit diesem Modell gehen Sie zum Kunden?

Jetzt folgt eine sehr aufwendige Präsentation, bei der wir dem Kunden diese Geschichten erzählen, von der Wollmütze mit Spoiler, von poppigen Dekors oder, daß wir Mückengitter verwenden wollen, damit die Insekten nicht mehr ins Innere des Helms gedrückt werden. Oder daß wir keinen Kinnriemen

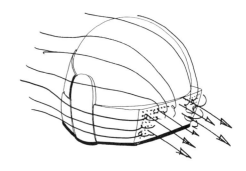

Bild 12.4 Entlüftung des Helmes durch Unterdruck

mehr brauchen, weil durch das Zurückschieben und Verriegeln des Kinnschutzes ein leichter Druck auf den Kiefer ausgeübt wird. Der Druck reicht aus, um den Helm zu fixieren. Oft sitzt der Kunde dann da und sagt: Das darf doch nicht wahr sein! Doch alle wirklichen Erfindungen und fortschrittlichen Dinge waren am Anfang unvernünftig.

Wie schließen Sie die Phase eins ab?

Dann wird erst mal Luft geholt, man geht auseinander. Die Kunden, meistens der Vorstand mit Marketing- und Entwicklungschef müssen erst verdauen, was wir zwei Monate lang ausgedacht haben.

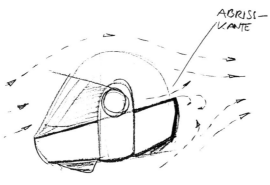
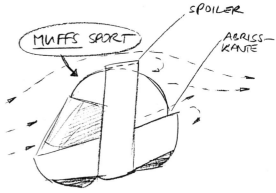

Bild 12.3 Spoilerstudien: Spoiler hinten mit Abrißkante (links) und Spoiler oben (rechts)

2. DESIGNPROZESS

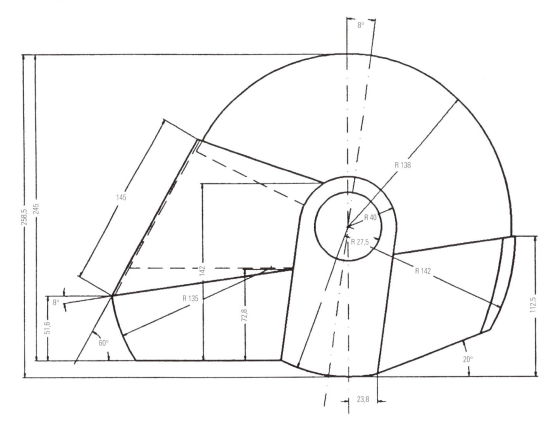

Bild 13.1 Technische Zeichnung: Der Helm in konkreten Maßen

Der Designer hofft, daß das Innovative erkannt und angenommen wird?

Wir pflegen die Kunden. Wir haben ja erst gewonnen, wenn sie dieses Baby adoptieren.

Müssen Sie manchmal Informationen nachschieben?

Man redet und stützt, räumt Unsicherheiten aus, klärt Patentfragen und vieles mehr. Erstaunlicherweise dauern Entscheidungsphasen oft genauso lange wie Entwicklungsphasen. Bei Greco ging es schnell. Die Rückmeldung hieß: Wir entscheiden uns für das Modell mit hinterem Spoiler. Es beginnt Phase zwei: Die Definition des Designs.
Man setzt sich sofort wieder zusammen und bildet ein Entwicklungsteam. Vom Kunden kommen die Fertigungsspezialisten, Experten aus Vertrieb, Marketing und Entwicklung, bei uns wickeln Kreative den ganzen Prozeß ab. Es beginnt ein Pas-de-deux zwischen Design und Ingenieurwesen: Der Helm wird nun mit allen Details, Strukturen, Farben usw. entwickelt.
Wir hören wieder zu, um z. B. technische Prinzipien zu klären. Wie könnte man das Unterteil des Helms ausfahren? Manchmal sind wir in der Zwickmühle, wenn wir z. B. nicht sofort die Lösung anbieten können – dann dürfen wir uns nicht vornehm auf die Gestalterposition zurückziehen.

Kommt das vor?

Wir sehen uns als Universalisten. Der Designer ist heute nicht nur Kreativer, sondern auch Projektmanager und Techniker. Deshalb müssen und können wir auf Probleme mit Ideen und Lösungen antworten. Deshalb sagen wir: Gebt uns eine Woche Zeit, und wir lösen dieses Ausfahrproblem am Helm in dieser

Bild 13.2 Dreidimensionales Modell: Ausführung »Comfort« mit Heckspoiler

Bild 13.3 Dreidimensionales Modell: Ausführung »Sport« mit oberem Spoiler

2. DESIGNPROZESS

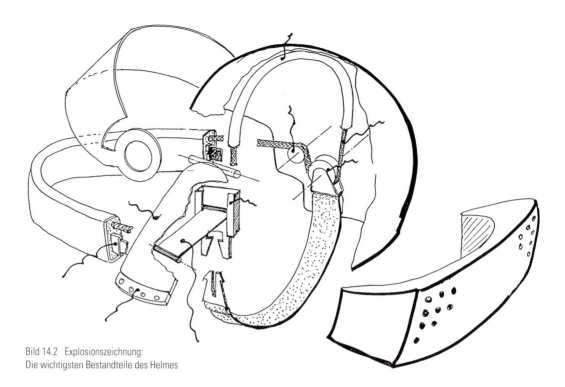

Bild 14.2 Explosionszeichnung: Die wichtigsten Bestandteile des Helmes

Bild 14.1 Perspektivische Zeichnungen einer Detaillösung: Ausfahren des Kinnbügels

Woche. Weil wir in dieser Phase viele Detailprobleme lösen müssen, besteht manchmal die Gefahr, daß man wegen dieser Unmenge an Details das große Bild verliert und in den Details erstickt. Mitunter gibt es dann Verlagerungen im Entwicklungsteam. Wir haben Designer, die sind besser im Bereich des großen Bildes und dann gibt es andere, die sind sehr gut bei den Details und im Durchhalten.

Löst der Ingenieur Probleme in technischen Zeichnungen?

Ja, es entstehen richtig gute Zeichnungen, Perspektiven, Explosionszeichnungen, sehr gute Modelle, Computerzeichnungen, z. B. sogenannte Plots, mit exakten Abmessungen der Details, Wandstärken, Werkstoffangaben usw. (Bilder 13.1 bis 14.3)

Bild 14.3 Plot

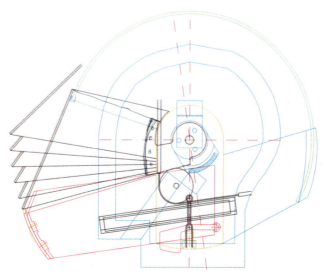

Wie lange dauert Phase zwei?

Zwei Monate. Irgendwann müssen sie sagen, jetzt ist das Produkt von seiner Identität, seinem Image, seiner visuellen Erscheinungsform, seiner Technik soweit definiert, daß jetzt eine Umsetzung für die Produktion, wir nennen das Implementation, stattfinden kann ... und, natürlich, daß wir unser Geld kriegen. Wir rechnen ja nach Phasen ab. Den Schlußpunkt der Phase zwei bildet deshalb die zweite Präsentation mit detaillierten Modellen und Fotos. (Bilder 15.1, 15.2)

Der Kunde nimmt das Konzept an !

Dann sind wir in Phase drei, der Implementation des Designs; das bedeutet für uns, daß wir das Produkt weiter begleiten, in enger Zusammenarbeit mit dem Kunden, bis es auf dem Markt erscheint. Es beginnt die Zeit der Ingenieure, die aus der Phase zwei das einigermaßen abgestimmte Baby übernehmen und nun groß werden lassen.

Kann das Projekt jetzt noch sterben ?

Oh ja, wir leiden sehr oft darunter, daß Leute zu bequem oder ängstlich sind, wenn wir an ungewöhnliche Details kommen. Es soll nicht arrogant wirken: Wir wollen wirklich die von uns entwickelten Produkte auf den Markt zu bringen. Deshalb ziehen wir auch Teile des Projektmanagements an uns.

Welche?

Wir suchen z. B. Entwicklungspartner oder Zulieferer.

Mußten Sie beim Grecohelm nachbohren?

Zum Beispiel wurde ursprünglich dieser Spoiler, der Abriß hinten am Helm, sehr in Frage gestellt. Das hatte bis dato noch niemand gemacht. Und alle Din-

2. DESIGNPROZESS

ge, die neu sind, noch nie gemacht worden sind, sind erstmal ungewohnt. Man hat ja keine Vergleichskriterien – man muß sich seine eigenen Kriterien schaffen. Da hatten wir Glück bei Greco, denn das Unternehmen wollte mit dem Helm ja selbst neue Kriterien auf dem Markt schaffen. Dabei geht man ein Risiko ein – durch Fahrversuche und Windkanalmessungen konnten wir aber überzeugen.

Wie lange dauert Phase drei?

Bis die Werkzeuge entwickelt sind, die Automation gelöst ist, TÜV-Fragen geklärt sind usw. vergeht schon ein Jahr.

Wenn die Produktion anläuft, müssen die Helme an den Mann bzw. die Frau gebracht werden. Haben Sie auch dafür verantwortlich gezeichnet?

Das ist die Aufgabe des Marketings, also Werbung und Vertrieb. Wenn wir das Design definieren, in Phase zwei, machen wir auch Vorschläge für das Marketing: zum Beispiel Präsentation auf Messen, Imagebroschüren, Vorträge halten, Öffentlichkeitsarbeit.
Wir sind Team-Mitglied des Unternehmens und stecken als Universalisten, so neugierig wie wir sind, unsere Nase in alles hinein.

Haben Sie ein Beispiel?

Für eine Messepräsentation haben wir einen sogenannten image shot angefertigt. (Bild 15.3)

Wurde eigentlich bedacht, daß der Helm irgendwann einmal kaputt sein wird?

Wir haben uns ein Dienstleistungskonzept ausgedacht, als Bestandteil des neuen Marketings. Der Helm kann im Winter zur Wartung eingeschickt werden. Solche Angebote werden langfristig die Qualität eines Produktes ausmachen und natürlich auch die Frage der Entsorgung. Soll der Hersteller das Altprodukt in Zahlung nehmen oder was passiert sonst damit? Hier sind Konzepte gefordert.

Und Sie haben ein Konzept entwickelt?

Beim Produkt Motorradhelm sind Sicherheit und Materialqualität bisher leider nicht vollständig mit dem Aspekt Wiederverwertung in Deckung zu bringen. So eine Glasfaserschale ist z.B. ein verklebtes Mehrkomponentenmaterial, das nicht mehr getrennt werden kann. Aus diesem Grund ist es ja so stabil.
Man sollte aber das Glasfaserteil von der Hartschaum-Auskleidung trennen können. Das ist möglich, übrigens ein wichtiger Vorteil bei Reparaturen. Die Hartschaumschale im Inneren des Helmes läßt sich zerhacken und für Verpackungsmaterial oder zur Bodenverbesserung im Gartenbau verwenden. Das Acrylglas des Sichtschutzes läßt sich wieder einschmelzen – nur: Wenn man beide Materialien zusammen einschmilzt, entstehen giftige Gase. Man muß aufpassen! Sicherheit und Ökologie müssen also in Balance gebracht werden. Wir haben es versucht.

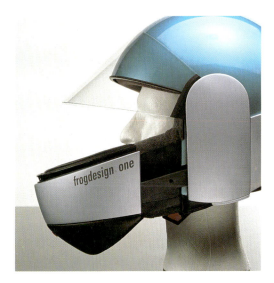

Bilder 15.1/2 Perfekte dreidimensionale Modelle

Bild 15.3 »Image shot« für eine Messepräsentation: der neue Greco-Helm

2. DESIGNPROZESS

Professor Hermann Jünger lebt in Pöring bei München und lehrte bis 1990 Schmuckgestaltung an der Kunstakademie in München.

2.2 Hermann Jünger: Schmuck als Einzelstück

Für Sie, Herr Jünger, ist die Gestaltungsidee der Schlüssel zum Entwurf. Wie finden Sie Ideen?

Ideen entstehen aus der Vorstellungskraft, aus der Fähigkeit, sich gewissermaßen einen Schmuck »auszudenken«, ihn bei geschlossenen Augen vor sich zu sehen, also aus meiner Phantasie.
Ideen können ausgelöst oder angeregt werden: Z. B. durch Assoziationen in der Natur, in der Technik, durch Fundstücke, letztlich durch Alles und Jedes um uns herum. Oder sie kommen ohne eigentlichen Anlaß, ganz von selbst.

Wie entwerfen Sie?

Ich entwerfe, indem ich zeichne. Indem ich versuche, das scheinbar schon Greifbare festzuhalten, es in Form zu bringen. Ich überlasse mich dem Stift, der Feder, dem Pinsel. Das Gerät ist Teil meiner selbst, meiner Hand. Unbestechlich notiert es meine Stärke, meine Schwäche. Bewußte und unbewußte Vorstellungen macht es sichtbar.
Voraussetzung dafür ist eine heitere Konzentration und die gibt es nicht immer.

Welche Funktion haben Ihre Zeichnungen?

Die Skizze hält unbewußt gefundene, formale Zusammenhänge fest. Sie bewahrt Spontaneität. Sie kann das Wesentliche eines Schmuckes, also seine Proportionen und Spannungen vorwegnehmen.

Wenn Sie Ihrem Stift freien Lauf lassen ...

... wird mich die Zeichnung überraschen, vielleicht ganz neue Lösungen anbieten. Sie ist Vergleich und Kontrolle bei der Ausführung des Stückes. Sie erlaubt frühzeitige Korrekturen, die bei einer schon begonnenen oder fertigen Goldschmiedearbeit nur mit hohem Zeit- und Materialaufwand möglich wären oder unmöglich sind.

Ist während der Anfertigung die Gestaltung, so wie sie in der Zeichnung konserviert ist, abgeschlossen?

Immer ist die Zeichnung nur Hinweis, oder, besser gesagt, Vorbild. Änderungen, Abweichungen im Sinne der Gestaltung sind während der Umsetzung immer möglich, oft notwendig - schon aus technischen Gründen. Nicht jede Linie oder Fläche auf dem Papier läßt sich ohne weiteres in einen dreidimensionalen Metallschmuck übertragen. Statt »Umsetzung« sollte man deshalb besser »sinnvolle Übersetzung« sagen.

Bauen Sie auch Modelle?

Für Schmuck nur selten, meist nur, wenn technische Probleme oder Funktionen überprüft werden müssen. Modelle baue ich hauptsächlich als Silberschmied. Für den Bereich »Gerät« hat das Modell eine andere Bedeutung, als für meine Art, Schmuck zu machen.

Wie halten Sie es mit der handwerklichen Seite?

Handwerk ist sehr wichtig, es ist Teil eines Resultates, aber kein Selbstzweck. Es ist eine Voraussetzung. Es ist ein Weg zum Ziel, wobei ich als Goldschmied unter Ziel die überzeugende künstlerische Qualität einer Arbeit verstehe.
Handwerk sollte keinen starren Regeln unterliegen. Eine strenge, geometrische Form verlangt beispielsweise ein anderes Vorgehen als eine mehr malerisch-organische Lösung.

Fertigen Sie selbst an?

Ich lasse mir gerne helfen, doch die Teile, die im Sinne des Gesagten wesentlich sind, die arbeite ich selbst.

Sprechen wir vom Geld. Wie veräußern Sie denn Ihre Arbeiten?

Ich verkaufe sie, über Ausstellungen, manchmal Galerien, manchmal tausche ich.

Für wen sind Ihre Arbeiten gemacht?

Für mich und für alle, denen sie gefallen.

Das sind Einzelstücke. Warum keine »Serie«?

Von der Serie hält mich der fehlende Partner mit gleichen Intentionen und vorhandenen Produktionseinrichtungen ab. Eine Serie mit dafür geeigneten Stücken würde ich für sehr sinnvoll halten.

Herr Jünger, Sie selbst bezeichnen sich als »Goldschmied«. Sind Sie kein »Designer« oder »Künstler«?

Ein Designer bin ich nicht. Ich bin kein Entwerfer, der nicht mehr selbst arbeitet und auch kein »Schmuckkünstler« oder »Schmuckgestalter«. »Künstler« ist heute sehr inflationiert.
Mir ist »Goldschmied« lieber. Das ist ein alter, alles umfassender, sehr humaner Begriff. Er steht für den, der Denken und Machen, Kopf und Hand in einer Person zu verbinden mag. Eine zwar selten gewordene, aber immer noch gültige menschliche Möglichkeit. Der Goldschmied sollte weniger Spezialist, mehr Universalist sein.

Was raten Sie jungen Gestaltern?

Offen zu sein. Bedenken, daß jede Technik zu einer Form führt – wie gut, wie schlecht auch immer; daß perfekte Technik aber nicht selbstverständlich zu einem vertretbaren Resultat führt, daß die Form wichtiger als Material und Technik ist.

Bild 16.1 Hermann Jünger, Broschenentwürfe, um 1967. Aquarell.

Bild 16.2 Hermann Jünger, Brosche, um 1967. Gold, Silber, Email, 45 x 44 mm.

3. ANALYSE UND BEWERTUNG VON DESIGN-OBJEKTEN

3.1 Einführung

Mitgehört: ein Verkaufsgespräch

Kann ich bei allen Cassettenspielern verschiedene Cassettenarten verwenden?

Beim Modell Musica sollte man keine 120er Cassetten verwenden, aber Reineisenbänder gehen bei fast allen Geräten. Wollen Sie ein Gerät mit Rauschunterdrückung?

Bild 17.1 Katalogseite eines Versandhauses

Ist das denn besser?

Wir haben hier die Modelle Noisy und Rocko, die arbeiten mit einem neuen Rauschunterdrückungsverfahren, sehr empfehlenswert!

Haben die auch zwei Kopfhöreranschlüsse?

Noisy ja, aber das ist gar nicht so entscheidend. Viel wichtiger ist der Bedienungskomfort: Digital-Display, Autoreverse, Gürtelclip. Und dann das Mega-Baß-System von Rocko!

Und was kostet der?

Na ja, etwas höher liegt der schon im Preis, aber dafür sieht er auch noch super aus!

Mein Freund hat den Superlook für 88 Mark gekauft und ist eigentlich sehr zufrieden...

...Kann ich nicht empfehlen. Er ist doch völlig veraltet – und nicht einmal trudelsicher!

(Die Namen in diesem Gespräch wurden erfunden!)

...Ratlos?

Bei so vielen Ratschlägen kann man schon ins trudeln kommen: Verschiedenste Vorstellungen und Wünsche, Überlegungen zu Technik, Bedienung und Aussehen, unbekannte Begriffe und fachliche Details, letztlich der Preis – oft ist es reichlich schwierig, sein Geld für das vermeintlich »richtige Produkt« anzulegen!

Aber gerade bei etwas größeren Anschaffungen lohnt sich das Nachdenken, weil man einer Ware auf den ersten Blick Qualität und Leistungsfähigkeit selten ansieht. Und in jedem Fall sollte die Kaufentscheidung in aller Ruhe vorbereitet werden: Denn je klarer man weiß, was man braucht bzw. will, desto größer die Wahrscheinlichkeit, daß man sein Geld nicht fehlinvestiert.

Hilfreich bei solchen Überlegungen sind dabei Fragestellungen, die häufig schon der Designer bei der Produktentwicklung bedacht hat, sozusagen an Stelle des zukünftigen Käufers.

Es sind *drei grundlegende Aspekte*, die hierbei bedacht sein wollen. Sie liefern dem einzelnen Verbraucher eine wichtige Hilfestellung bei Kaufentscheidungen. Dies verdeutlicht folgendes Beispiel:

- Bei einem Auto wird jedem Käufer zunächst wichtig sein, wie sich das Auto fährt und welche technischen Extras die Bedienung erleichtern. Hier geht es also um die Frage nach der *praktischen Funktion*, ums »Benutzen«.

- Ein zweiter Blick gilt dann schon der Schönheit: Welche Farbe hat der Wagen, sind die Formen »gefällig«? Es geht also um das Aussehen, um das »Betrachten«. Dies ist die *ästhetische Funktion* eines Produktes.

- Und letztlich kommt jemand auf die Idee, zu fragen, ob der Nachbar oder Bekannte dieses Fahrzeug nicht doch zu protzig oder zu gewöhnlich finden. Da geht es also um das Prestige, ums »Besitzen«. Dies wäre die Frage nach der *symbolischen Funktion* von Waren.

Bild 17.2 Rolls Royce – ein Beispiel für die drei grundlegenden Design-Funktionen

Die unabhängige **»STIFTUNG WARENTEST«** veröffentlicht in ihrer Zeitschrift monatlich Tests und Reportagen zu allen möglichen Produkten und Dienstleistungen: vom Fotoapparat über das Fahrrad bis zum Tennisschläger, zu Sprachkursen u.ä.

Gerade wenn es um »Technisches« geht, findet man dort, wie auch in anderen Fachzeitschriften, wertvolle Hinweise zu Brauchbarkeit und Zuverlässigkeit. Solche Tests sind wichtige Informationsquellen.

Natürlich gibt es auch im Laden eine Verkaufsberatung. Wichtig dabei: Ein Verkäufer weiß viel, mehrere Verkäufer wissen mehr! Bei größeren Anschaffungen informiert man sich also besser in mehreren Geschäften!

3. ANALYSE UND BEWERTUNG VON DESIGN-OBJEKTEN

3.2 Die praktische Funktion

Handikap: der Nachteil des Neuen

»Ich will ein Bett kaufen – aber wer garantiert mir, daß ich darin auch gut schlafe?«

Bild 18.1 In diesem Bett schläft man vermutlich ...

Bild 18.3 Studie für Sitz- und Tischhöhe, Abstände und Blickwinkel bei einem Computerarbeitsplatz

Mit dieser Frage ist eine grundlegende Schwierigkeit beschrieben, die für viele Anschaffungen zutrifft: »Benutzen« ist erst nach dem Kauf möglich! Um so mehr sollte darauf geachtet werden, daß man ein Produkt nach Möglichkeit vor dem Kauf umfassend ausprobiert.

Wenn das nicht geht, helfen unter Umständen Testzeitschriften weiter: Dort erfährt man »stellvertretend« einiges über die Benutzerwirklichkeit.

Das Ausprobieren vor dem Kauf garantiert auch, daß die einfache Frage »Erfüllt das Produkt seinen Zweck?« klar beantwortet werden kann. Was damit gemeint ist, sei an folgenden Beispielen verdeutlicht:

- Kann man mit dem Messer eines Kunststoffbestecks auch tatsächlich schneiden?

- Wie sitzt es sich auf einem Campingstuhl? Wird der Besitzer womöglich gleich mit eingeklappt?

- Öffnet der Dosenöffner die Konservendose leicht?

- Wie steht es mit der Empfangsqualität eines Miniradios? Ist es zum Radiohören tauglich oder nur ein Gag?

Ergonomie

Bei vielen Produkten ist deren Anpassung an Formen, Maße und Kräfte des menschlichen Körpers von ganz zentraler Bedeutung. Der Begriff »Handhabung« zeigt dies auch sprachlich.

Die wissenschaftliche Disziplin, die sich u.a. mit diesen Beziehungen beschäftigt, heißt Ergonomie. So müssen Griffe auf die Handform abgestimmt sein, ein Schreibtisch muß die richtige Arbeitshöhe haben, ein Brems- oder Kupplungspedal im Auto muß sich mit vertretbarem Kraftaufwand betätigen lassen. Nur wenn ergonomische Anforderungen erfüllt sind, lassen sich entsprechende Produkte bequem und auch gefahrlos benutzen.

Sicherheit

Gerade die Beispiele »Bremspedal« oder »Campingstuhl« zeigen, daß für viele Designobjekte eine sichere Benutzung unbedingt nötig ist. Insbesondere gilt das auch für Elektrogeräte: Hier ist diese Anforderung lebenswichtig!

So müssen elektrische Leitungen ausreichend und dauerhaft isoliert sein, besonders bei Geräten, die mit Strom und Wärme/Wasser arbeiten. Gegebenenfalls muß man vor dem Kauf nach den entsprechenden Prüfzeichen fragen.

Bild 18.2: »Ergonomie« – Verschiedene Hand-Finger-Haltungen wurden in Gips abgeformt. Diese Greiflinge dienen als Vorbilder für verschiedene Griffe mit entsprechenden Funktionen.

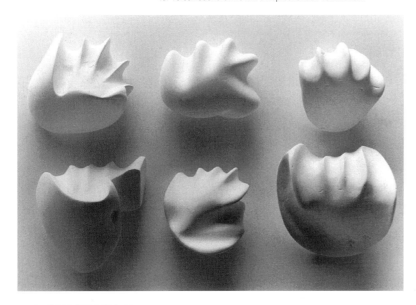

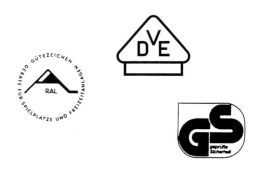

Bild 18.4 Beispiele für »Sicherheits-Prüfzeichen: RAL-Gütesiegel für Spielgeräte, VDE für elektrotechnische Geräte, GS für Haus- und Spielgeräte.

3. ANALYSE UND BEWERTUNG VON DESIGN-OBJEKTEN

Wartung und Pflege

Bei vielen Produkten ist auch zu klären, wie sie instandgehalten und gepflegt werden. Bei einem Mofa oder Motorroller wäre beispielsweise wichtig, ob sich die verwendeten Materialien leicht reinigen lassen und die entsprechenden Teile gut zugänglich sind. Und große Wartungsintervalle sind allemal billiger als kleine.

In diesen Zusammenhang gehört auch die Reparaturfreundlichkeit: Lassen sich kleine Reparaturen selbst durchführen? Kommt man beispielsweise bei einem Mofa oder Motorroller gut an die Zündkerzen heran? ... Und auch hier gilt: Was lange hält, muß seltener oder gar nicht repariert werden.

Umfeld

Weitere, sehr praktische Fragen ergeben sich, wenn man das Davor und Danach der eigentlichen Benutzung betrachtet, sich also den Gang der Ware vom Ladenregal bis zur Müllkippe vor Augen führt.

- Verpackung

Ist eine Ware so gut verpackt, daß ein sicherer Transport möglich wird? Ist andererseits möglichst wenig und umweltfreundliches Verpackungsmaterial verwendet?

- Transport

Kann ich den gekauften Schrank so zerlegen, daß er ins Auto paßt?

- Lagerung

Läßt sich eine Trittleiter, wenn sie nicht gebraucht wird, platzsparend verstauen?
Lassen sich Getränkekisten gut stapeln und nehmen sie möglichst wenig Platz weg?

- Entsorgung

Die Bedeutung ökologischer Gesichtspunkte gilt natürlich für alle Produkte: Eine umweltverträgliche Beseitigung (Liquidation) und Möglichkeiten zum Recycling sind heute Anforderungen, die an jedes Produkt, seine Werkstoffe und schließlich auch an die Verpackung zu stellen sind.

Bild 19.1 Beispiele-für »Umwelt-Prüf-/Hinweiszeichen«: Cd-Recycling fordert zur Entsorgung von Akkus auf, der Grüne Punkt betrifft recyclingfähige Verpackungen, der Blaue Engel kennzeichnet Produkte, die die Umwelt vergleichsweise gering belasten.

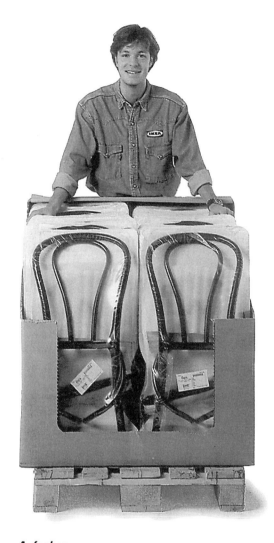

Bild 19.2 Das Bild stammt aus einem Möbelkatalog. Der Text dazu lautet:
»Wir packen Möbel in flache Pakete. Flache Pakete senken die Transport- und die Lagerkosten. Und damit den Preis. Und Ihnen erleichtert es den Transport nach Hause.«

Aufgaben

▼ Berichte aus eigener Erfahrung:
Kennst du Produkte, wo die »grundsätzliche Brauchbarkeit« nicht gegeben war, ein Produkt seinen Zweck nicht erfüllte?

▼ Stelle aus Ton verschiedene Hand-Greif-Formen her. Für welche Grifffarten/Funktionen wären diese »Greiflinge« verwendbar?

▼ Stell dir vor, du willst einen Schreibtischstuhl kaufen. Erstelle eine Liste deiner praktischen Anforderungen. Vergleiche die Liste mit deinen Mitschülern.

▼ Welche Sicherheitseinrichtungen hat ein Fahrrad? Versuche, Verkehrs-, Bedienungs- und Fahrsicherheit zu unterscheiden.

▼ Hast du Gebrauchsgegenstände, die du regelmäßig pflegst oder wartest? Welche Erfahrungen hast du im Laufe der Zeit gesammelt?

▼ Welche Produkte kennst du, die ganz oder teilweise dem Recycling zugeführt werden? Welchen Nutzen hat Recycling?

Bild 19.3 Schreibe eine Gebrauchsanleitung für diesen Dosenöffner. Fische dir nur die wichtigsten Bedienungsaspekte heraus!

3. ANALYSE UND BEWERTUNG VON DESIGN-OBJEKTEN

Ästhetik:
Wissenschaft vom Schönen, Lehre von der Gesetzmäßigkeit und von der Harmonie in Natur und Kunst
(Duden, 1974)

3.3 Die ästhetische Funktion

Wahrnehmung

Der Mensch nimmt den größten Teil seiner Informationen über das Sehen auf. Demnach ist es durchaus richtig, wenn sich die »ästhetische Funktion« hauptsächlich auf das Betrachten eines Produktes bezieht. Aber auch andere Sinneseindrücke spielen, allein oder in Verbindung mit dem Sehen, eine sehr wichtige Rolle:

- Tastsinn
  Sind die Griffe einer Getränkekiste rauh oder glatt?
- Geschmackssinn
  Wie ißt es sich mit Holz-, Plastik-, Metallbesteck?
- Geruchssinn
  Die meisten Autos – vor allem Neuwagen – haben einen bestimmten Geruch: woher?
- Hörsinn
  Welche Geräusche hört man beim Betätigen von Geräteschaltern, was hört man beim Einschlafen/Aufwachen von seinem Wecker?
- Temperatursinn
  Was fühlt man beim Berühren eines Treppengeländers? Kalt oder Warm?

Gestaltungselemente:
Material, Oberfläche, Farbe, Form

Die fünf Sinne-Beispiele verdeutlichen, daß es bei den Materialien, die für ein Produkt verwendet werden, nicht nur um Aspekte wie Festigkeit oder Dauerhaftigkeit eines Stoffes geht, sondern um alle, die Sinneswahrnehmungen ansprechenden Wirkungen: Holz wirkt natürlich, meist angenehm, eher warm – Stahl, Glas, Silber, Kunststoff usf. haben ganz andere, jeweils spezifische Wirkungen.

Eng ans Material gebunden ist die Wahl bzw. Gestaltung von Oberfläche und Farbe.

So haben glatte und glänzende Oberflächen eine recht eindeutige Wirkung auf uns, was z.B. die Werbung für Putzmittel ausnützt.

Von größerer Bedeutung ist aber die Farbigkeit eines Produktes, ob nun Eigenfarbe des Materials oder Farbüberzug bzw. Lackierung. Dabei wirken bestimmte Farbtöne oder Farbkombinationen direkt auf den Gefühlsbereich. Man spricht u.a von »schreienden« Farben, harmonischer oder disharmonischer Farbgebung (Wohlklang – Mißklang), stark oder schwach kontrastierenden Farbstellungen.

Aus der fast unendlichen Anzahl verschiedener Töne bieten sich dem Designer vor allem zwei Gruppen:

- Die kräftigen, bunten, aktiven Farben (z.B, Gelb, Rot, Grün) betonen das Produkt oder Teile davon, heben es aus seiner Umgebung hervor,
- die passiven Farben (z.B. Grau, Beige, Braun) sind neutraler, gebrochen oder unbunt und ordnen sich eher in eine bestimmte Umgebung ein.

Bild 20.1 Nußknacker aus Holz: Form und Material sollen eine für den Tastsinn angenehme Bedienung sichern.

Bild 20.2: Universalmesser: Je nach Funktion unterschiedliche Oberflächengestaltung. Farbkontrast Gelb-Schwarz hebt wichtige Bedienungselemente hervor.

Bild 20.3: Taschenrechner: Farbe dient der guten Orientierung und erleichtert die Bedienung (gleiche Farbe für ähnliche Rechenfunktionen). Die ergonomische Form erlaubt außergewöhnliche Haltung: Rechner halten – linke Hand, tippen – rechte Hand.

3. ANALYSE UND BEWERTUNG VON DESIGN-OBJEKTEN

Das wichtigste Element des Erscheinungsbildes eines Produktes ist aber meistens die Form. Folgende Teilaspekte lassen sich unterscheiden:

- Größe
  Es gibt riesige und kleine Wanduhren, größere und kleinere Kugelschreiber, Fernsehgeräte mit unterschiedlichen Dimensionen. Die Wahl richtet sich meist danach, welche Funktion das Produkt erfüllen soll. Zu klein oder zu groß gewählte Produkte können auch bescheiden oder protzig wirken.

- Proportionen
  Tassen oder Trinkgläser können gedrungene, ausgeglichene oder eher schlanke Proportionen aufweisen. Die Wirkung könnte dann von »plump« über »neutral« zu »elegant« reichen.

- Richtungen
  Bestimmte Richtungen haben grundlegende Wirkungen: Vertikalen wirken eher aktiv und eher labil, Horizontalen dagegen ruhig und stabil, Schrägen vermitteln meist einen dynamisch-bewegten Eindruck. Denkt man an einen stehenden, liegenden oder sich bewegenden Menschen, wird dies unmittelbar deutlich.

- Haupt- und Nebenformen.
  Die Hauptform vieler Radiogeräte ist beispielsweise der Quader. Die Nebenformen werden u.a. gebildet durch Knöpfe, Schalter, Skalen usw. Betrachtet man nun die Wahl und Anordnung von Haupt- und Nebenformen, erkennt man meist recht schnell, ob Durcheinander oder Übersichtlichkeit herrscht, ob es dem Designer gelungen ist, ein ansprechendes, überzeugend-reizvoll geformtes Produkt zu gestalten.

Elemente im Zusammenhang

Der Designer wird die einzelnen Elemente »Material, Oberfläche, Farbe und Form« nie unabhängig voneinander sehen, geht es doch darum, ihr Zusammenwirken in *einem* Design-Objekt zu gestalten.
Wenn viele unterschiedliche Formen, Farben, Materialien und Oberflächen gleichzeitig eingesetzt werden, hinterlassen sie oft einen überladenen Eindruck. Umgekehrt: Ein zu sparsamer Umgang mit denselben Elementen wirkt dagegen meist langweilig.
Die jeweilige Wirkung dieses Pendelns zwischen Komplexität und Ordnung läßt sich in einer Grafik beschreiben.
Um hier zu einer guten und interessanten Lösung zu kommen, also den mittleren, »reizvollen« Bereich der Grafik zu treffen, wenden Designer häufig Ordnungsprinzipien an, z. B.:

- Orthogonalität (waagrecht – senkrecht),
- Symmetrie (spiegelbildlich),
- Rhythmus (regelmäßig wechselnd).

Aufgaben:

▼ Charakterisiere Materialien und Formaspekte der Löffel in Bild 21.1.

Bild 21.1 Löffel

▼ Angenommen, ein »Hamburger« wäre nichts Eßbares, sondern ein Design-Objekt. Welche verschiedenen Sinne würdest du als Designer ansprechen, um »deine Hamburger« möglichst erfolgreich zu verkaufen?

▼ Welche Wirkung haben z.B. die Materialien Stahl, Silber, Kunststoff auf dich? Versuche jeweils am Beispiel eines Gebrauchsgegenstandes zu beschreiben!

▼ Verändere bei einem Reststück Glas die Farbe und/oder die Oberfläche (Schmirgelpapier). Was bleibt von der ursprünglichen Wirkung des Materials übrig?

▼ Welche Ordnungsprinzipien sind auf Bild 21.3 erkennbar? Versuche, die Wirkung der drei Radiofronten mit Hilfe der Grafik 21.2 zu beschreiben!

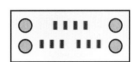

Bild 21.3 Skizzen zur Anordnung von Schaltern und Drehknöpfen auf einer Radiofront

Bild 21.2 »Komplexität und Ordnung« und mögliche Wirkungen (nach Zankl/Heufler, 1985)

3. ANALYSE UND BEWERTUNG VON DESIGN-OBJEKTEN

Symbol:
Gegenstand oder Vorgang, der stellvertretend für einen anderen [nicht wahrnehmbaren, geistigen] Sachverhalt steht; Sinnbild, Wahrzeichen
(Duden, 1974)

3.4 Die symbolische Funktion

Symbolik und Design?

Gebrauchstüchtigkeit und Schönheit oder praktische und ästhetische Funktion sind zwei leicht zu erkennende Designaspekte, die bei Kaufentscheidungen große Bedeutung haben, ganz gleich, ob es sich um Kleidungsstück, Fahrrad oder Stereoanlage handelt.

Was kann aber an solchen Gebrauchsgegenständen »symbolisch« sein? Welche »nicht wahrnehmbaren Sachverhalte« verbinden wir mit ihnen?

Persönlicher Bereich

Wer schon mit Eltern oder Freunden Gebrauchsgegenstände eingekauft hat, kann sicher bestätigen, daß die eigene Einschätzung bestimmter Produkte selten mit der anderer übereinstimmt: So hat jeder seine Vorliebe z. B. für bestimmte Farben, Formen, Materialien. Und jemand »mit zwei linken Händen« wird ein Produkt mit vielfältigen technischen Raffinessen wohl kaum in seine Kaufüberlegungen einbeziehen.

Aufgrund seiner Gebrauchserfahrung beantwortet jeder Käufer vor dem Kauf subjektiv die Frage, ob ein Produkt auch zu ihm paßt – ein Sachverhalt, den andere aber diesem Produkt nicht ansehen können!
(Siehe Kapitel 4)

Sozialer Bereich

Jeder Mensch hat das Bedürfnis, innerhalb seiner gesellschaftlichen Gruppe anerkannt zu werden. Das verschafft ihm einen gewissen Status, eine gewisse soziale Sicherheit. Dieser Status kann durch für diese Gruppe typische Produkte symbolisiert werden. Man spricht dann von Statusprodukten.

Andererseits tendiert der Mensch dazu, in höhere soziale Schichten aufzusteigen. Er ahmt seine Vorbilder durch Verhalten, Sprache, Kleidung, aber auch durch Gebrauch »ihrer« Industrieprodukte nach. Ein Prestigeprodukt ist also ein Produkt, das einen Wunschstatus symbolisiert bzw. vortäuscht.
(Zankl/Heufler, 1985)

Kultureller Bereich

Die Bedeutung eines verantwortungsvollen Umgangs mit Umwelt und Natur ist heute fast allen bewußt (Umwelthefte, Katalysator beim Auto, Recycling usf.). Zwar war die Umweltproblematik vor ca. 30 Jahren auch schon vorhanden, aber noch nicht im Bewußtsein der Öffentlichkeit. Daher wird unser Kaufverhalten auch erst heute von solchen Überlegungen beeinflußt.

Dies wäre ein Beleg dafür, daß unser Umgang mit Produkten in erheblichem Maße zeitabhängig ist, d.h. unsere Einstellung zu Produkten und der Umgang mit Design-Objekten können schon in kurzer Zeit durch neue Erkenntnisse verändert werden.
(Siehe auch Kapitel 4)

Status:
durch [...] Bildung, Geschlecht, Einkommen u.a. bedingte Stellung des einzelnen in der Gesellschaft
(Duden, 1974)

Aufgaben:

▼ Überprüfe deine Bereitschaft, etwas auszuleihen. Was würdest du nur ungern aus den Händen geben – warum?

▼ Kennst du Statussymbole? Wie unterscheiden sich die Statussymbole der »Erwachsenen« von denen der Schüler?

▼ Platin ist ein sehr teures, stahlfarbenes Metall, das auch bei der Schmuckherstellung Verwendung findet. Warum kam die Werbung für Platin-Schmuck auf den Slogan »Zu wissen, es ist Platin«?

▼ Überlege bei jedem Zeichen, welchen Ruf, welches »Image« die Firma jeweils hat. Wie wirkt sich dies auf den Besitzer der Produkte aus?
Sind sich bei dieser Einschätzung alle einig, oder gibt es Unterschiede?

Bild 22.1 Verschiedene Firmenzeichen aus den Bereichen Elektro(nik)industrie, Sportartikel, Automobilindustrie

3. ANALYSE UND BEWERTUNG VON DESIGN-OBJEKTEN

3.5 Wertungen

Die Analyse der drei Funktionen eines Design-Objektes beleuchtet das Produkt jeweils von einem bestimmten Standpunkt aus:

- praktische Funktion: »der Benutzer«,
- ästhetische Funktion: »der Betrachter«,
- symbolische Funktion: »der Besitzer«.

Will man zu einer brauchbaren Bewertung gelangen, so müssen diese Standpunkte gebündelt werden, denn gerade in der perfekten gegenseitigen Ergänzung der drei Funktionen zeigt sich ein entscheidendes Stück Design- und Produktqualität. Darüberhinaus sind die drei Funktionsebenen meist voneinander abhängig: Wenn das Material »Platin« nicht nur aus Gründen der Belastbarkeit und Schönheit verwendet wird, zielt es auch auf die soziale Stellung des zukünftigen Besitzers.

Die Analyse alleine bietet bereits eine solide Grundlage, wenn es darum geht, die Qualität von Design-Objekten einzuschätzen. Wäre ein Preis für »gutes Design« zu vergeben, könnte man mit diesen Überlegungen recht gut urteilen.

Als Grundlage für eine Kaufentscheidung tritt jedoch noch ein wesentlicher Gesichtspunkt hinzu: der Preis.

Kosten-Nutzen-Rechnung

Jeder weiß, daß man durch Preisvergleich Geld spart: Ein Händler bestimmt im Prinzip die Preise seiner Waren selbst, was bei ein und demselben Produkt zu sehr unterschiedlichen Ergebnissen führen kann.

Schwieriger wird es, wenn man sich noch unsicher ist, welches Modell oder Fabrikat man kaufen soll. So erschweren z.B. bei einem Cassettenspieler unterschiedliche Ausstattung und technische Verschiedenheit den Vergleich.

Mit einer Design-Analyse kommt man jetzt schon ein ganzes Stück voran: Beim Cassettenspieler lassen sich z.B. schlecht bedienbare Elemente herausfinden, ein abgestimmtes, aber trotzdem interessantes Äußeres wäre zu suchen, und schließlich müßte man sich fragen, ob man mit dem Gerät selbst zufrieden ist oder ob man damit auch Freunden gefallen will.

Setzt man diese Überlegungen der drei Funktionsebenen nun in Beziehung zum Preis, so spricht man von einem bestimmten Preis-Leistungs-Verhältnis.

Aus finanzieller Sicht wäre außerdem zu klären, ob zu den reinen Anschaffungskosten noch Unterhaltskosten kommen – z. B. für teurere Cassetten oder hohen Batterieverbrauch. Auch der Wiederverkaufswert sollte bei manchen Produkten in die Entscheidung einbezogen werden.

Und dann?

…Kaufen doch nicht alle den gleichen Cassettenspieler. Jeder Käufer wird nämlich die einzelnen Faktoren unterschiedlich gewichten.

So wird ein ausgesuchter Gegenstand eher durchschnittlicher, vielleicht langweiliger wirken, wenn man die praktisch-nützlichen Gesichtspunkte stark betont. Je mehr ästhetische oder symbolische Aspekte bevorzugt werden, desto eigenwilliger, vielleicht auch skurriler wirkt das Produkt, für das man sich entschieden hat. Und letztlich: Nicht alles ist für alle erschwinglich!

Jede Bewertung eines Design-Objektes vor einer Kaufentscheidung wird subjektiv geprägt sein, was aber nicht mit »zufällig« oder gar »willkürlich« gleichgesetzt werden darf. Gut vorbereitete und damit bewußt-subjektive Kaufentscheidungen sind sinnvolle Investitionen.

Aufgaben:

Warum sind die Untersuchungen der STIFTUNG WARENTEST vor allem auf die Benützerebene bezogen?

Welche Faktoren sind für dich beim Kauf entscheidend? Beschreibe an konkreten Beispielen deine eigenen Vorgaben bei der Gesamtbewertung!

Versuche, ein Bewertungs-Schema zu erstellen, welches für eine bestimmte Produktgruppe (Kleidung, Elektronik, Fahrrad/Mofa usw.) möglichst alle wichtigen Fragen der drei Design-Ebenen sowie ein Gesamturteil enthält

Kennst du Käufer oder Kunden, die die Kosten-Nutzen-Rechnung nicht interessiert? Warum nicht?

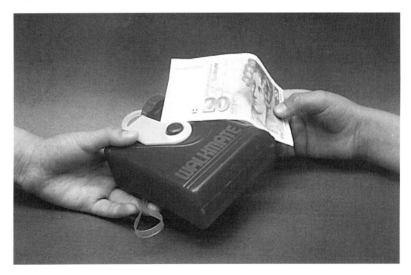

Bild 23.1 Ein eigenartiger Walkman wechselt den Besitzer – was erhält man für sein Geld?

4. DESIGN UND GEBRAUCHSWIRKLICHKEIT

Bild 24.1 Bemaltes Auto

4.1 Der Eigensinn des Verbrauchers

In diesem Kapitel geht es um etwas Eigenartiges, was alle Design-Anstrengungen zu torpedieren scheint:
Da gestalten Designer ihre Produkte funktionsgerecht und möglichst ansprechend, ja oft verführerisch, kräftig unterstützt durch die Werbung, und der Konsument – was macht er?
Er liebt seine uralten, längst unmodern gewordenen Jeans, er geht auf Flohmärkte, um alten, nutzlosen Kram zu kaufen, er macht aus Obstkisten ein Bücherregal oder er bemalt und beklebt sorgsam gestaltete Autokarosserien.

Was steckt dahinter?

Lieblingsdinge

Jeder kann es selbst erleben: Nicht allen Gebrauchsgegenständen schenkt man gleich große Aufmerksamkeit: Manche Dinge benutzt man recht sachlich (ein Bleistift), mit anderen ist man vertraut (»mein« Füller), wieder andere sind einem »nah« und überaus wichtig (ein bestimmtes Kleidungsstück, ein Geschenk von…). Niemand würde wohl auf die Idee kommen, sich in einen Pappbecher »zu verlieben«, aber so mancher hat im Büro oder zu Hause seine Lieblingstasse, aus der er Kaffee oder Tee lieber trinkt.

Gibt es dafür Gründe?

Hat man beispielsweise mit einem Gebrauchsgegenstand einiges erlebt, so entsteht im Laufe der Zeit eine innere Beziehung, man identifiziert sich mit ihm und wird den Gegenstand nur ungern hergeben, weil er ein richtiges Erinnerungsstück geworden ist. Außenstehende wissen von alldem natürlich nichts, weil sie die Bedeutung für den Besitzer nicht kennen und nicht erkennen können. Hier gibt es dann leicht Mißverständnisse: Das Zimmer soll wieder 'mal aufgeräumt werden und die Eltern empfehlen, den alten Kram doch endlich wegzuwerfen, stoßen aber bei den Kindern auf völliges Unverständnis: »… aber das ist doch mein … das kann nicht weg!«

Haben sich Lieblingsgegenstände erst entwickelt, kann die Wirkung durchaus so stark sein, daß man meint, nur mit einem vertrauten, z.B. dem eigenen Kuli bestimmte Aufgaben gut lösen zu können. Oder man braucht zum Ausgehen ein ganz bestimmtes Kleidungsstück, weil man sich in dem einfach am hübschesten vorkommt.

Ob ein Pullover, eine Uhr oder ein Stift Lieblingsgegenstand wird, darauf haben Produzent und Designer nur bedingt Einfluß – zu subjektiv und zufällig sind die Auslöser dafür.

Andererseits: Ist ein Produkt und das Material schnell verschlissen, können wir zu solchen Gegenständen keine tiefen oder zumindest keine langlebigen Beziehungen aufbauen. Wenn sich Produzent und Designer also Gedanken zur Nutzungsdauer machen, schaffen sie wichtige Voraussetzungen für »Beziehungskisten«. Darüberhinaus ist es fast selbstverständlich, daß sinnvoll gestaltete Produkte, »gutes Design« uns eher ansprechen, als schlecht funktionierende, häßliche Produkte, die nicht zu uns passen.

Bild 24.2 Mit Besitzernamen versehene Tassen

4. DESIGN UND GEBRAUCHSWIRKLICHKEIT

Flohmarkt

Was macht eigentlich den Flohmarkt so liebenswert und interessant? Alte Gegenstände, Plunder und Gerümpel, vielleicht von jemandem weggeworfen, warten auf Käufer bzw. neue Besitzer. Was suchen die eigentlich?

Das Flohmarkt-Grammophon oder die Flohmarkt-Taschenuhr gehen häufig gar nicht mehr, der praktischen Funktion gilt also sicher nicht das Hauptinteresse. Ist es vielleicht das altmodische Aussehen der Dinge, die Faszination der alten Technik, die uns in den Bann ziehen?

Ganz eindeutig lassen sich diese Fragen nicht beantworten. Sicher ist aber, daß wir dort die Vorfahren unserer heutigen, modernen Gebrauchsgegenstände entdecken, und diesen »alten« Gegenständen sieht man meist noch eindeutig ihre praktische Funktion an. Man spürt auch offenbar die Vertrautheit der früheren Benutzer mit den Alltagsgegenständen: Sie haben ja auch etwas Altmodisches, aber eben deshalb auch Liebenswertes, man kann so etwas sonst nirgends mehr kaufen.

Flohmarktbesuch ist daher immer eine Art Detektivarbeit im Alltag: Was erfährt man über die Menschen, ihre damalige Lebenswirklichkeit, die »gute, alte Zeit«? Welche »Gebrauchsgeschichte« erzählt der Gegenstand? Ist Flohmarkt ein »Markt der alten Lieblingsdinge«?

... Und bei alldem handelt es sich nur um leblose (?) Gegenstände!

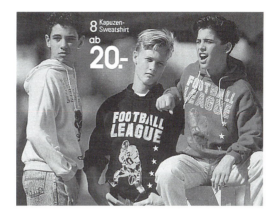

Bild 25.1 Versandhausangebot: »Kapuzen-Sweatshirt«

Aufgaben:

▼ Prüfe selbst, wie stark Gefühlsbindungen sein können: Wähle drei Gebrauchsgegenstände, die dir gehören. Welchen würdest du
- jedem,
- manchem – oder eben
- niemandem
ausleihen?

▼ Hast du (viele) Lieblingsdinge? Kannst du erklären, wie es dazu kam?

▼ Pappbecher – Lieblingstasse:
Was bedeutet diese Alternative für die Umwelt?

▼ Zu Bild 25.1: Welchen »Trick« benutzt der Mode-Designer, damit die Sweatshirts auf dem Bild zum »Lieblingspulli« werden können? Sammle verschiedenartige Sprüche auf Kleidung – was erfährt man über die Besitzer?

Bild 25.2 Flohmarkt-Sortiment

25

4. DESIGN UND GEBRAUCHSWIRKLICHKEIT

Der Konsument als »Industriedesigner«

Ein selbstgemaltes Bild, eine selbstgestaltete Tonfigur, eine selbstgenähte Bluse, die selbstgebaute Eisenbahnanlage – alle Gegenstände aus »eigener Herstellung« erfüllen uns als Kleinproduzenten mit Stolz und Befriedigung: ganz automatisch werden sie »Lieblingsdinge«.

Könnte es da nicht sein, daß man mit Gebrauchsgegenständen grundsätzlich zufriedener wäre, wenn man selbst der Designer wäre?

Ganz so abwegig ist diese Idee nicht, denn die Verbraucher tun vieles, um sich Gebrauchsgegenstände zu eigen zu machen:

Ein gutes Beispiel hat jeder Schüler täglich vielfach um sich: An den Schulmäppchen läßt sich ablesen, daß – nach einer gewissen Schonzeit für den neuen Gegenstand – die Bild- und Schriftbemalung oder das Bekleben einsetzt: zunächst zaghaft, dann umfassender. Dieser gestaltende »Zugriff« des Schülers oder der Schülerin auf das Mäppchen macht aus einem Massenprodukt ein unverwechselbares Einzelstück, ein Unikat. Die Art der Beschriftung und/oder Gestaltung spiegelt ein Stück Individualität des Besitzers. Ähnliches kann man gelegentlich bei Autos und Fahrrädern beobachten.

Eine andere Art der »Aneignung« ist das Umfunktionieren von Gebrauchsgegenständen: z.B. Blechschachteln als Schulmäppchen, die Chiantiflasche als Kerzenständer, die Obstkiste als Regal usf. Diese Alltagsgegenstände erhalten durch den Funktionswandel einen neuen Wert.

Gerade auch Künstler im 20. Jahrhundert haben diese Strategie immer wieder als provozierendes Mittel eingesetzt, das neue Perspektiven eröffnet. Auch aktuelle, avantgardistische Designvorschläge zielen in diese Richtung. (Siehe Kapitel 5)

Bilder 26.1–4
Schulmäppchen in verschiedenen Zuständen

Betrachtet man nicht nur einen einzelnen Gebrauchsgegenstand, sondern ganze Räume, findet man einen Bereich, in dem Gestalten ganz selbstverständlich und alltäglich ist:

Der Konsument als »Innenraumdesigner«

Jeder Mensch richtet z.B. seinen Wohnraum nach bestimmten Vorstellungen ein: Neben der Gestaltung der Wände (Tapeten, Rauhfaser, Holz ...) sind es vor allem Möbel sowie alle Gegenstände des täglichen Gebrauchs, die den eigenen Wohnraum prägen.

Manche Menschen meinen, daß man aus der Vorliebe für bestimmte Produkte, aus ihrem Aussehen, der Art ihrer Nutzung oder Unterbringung usf. etwas über den »Bewohner« erfahren, auf seine Eigenart schließen könne. Doch benutzen wir nicht oft ähnliche Dinge, die sich nur leicht oder höchstens durch den Markennamen unterscheiden? Schließlich leben wir in der Zeit der Massenproduktion, wo Waren nicht hundertfach, sondern häufig tausend- bis millionenfach hergestellt und verkauft werden!

Bild 26.5 Holzkiste als Regal

4. DESIGN UND GEBRAUCHSWIRKLICHKEIT

Sicher zeigt jeder von uns trotz gleichartiger Produkte und Waren, bewußt oder unbewußt, in der Wahl und Zusammenstellung seiner alltäglichen Dinge etwas von sich selbst: Bin ich ein sachlicher oder verspielter Typ, (k)ein Kind von Traurigkeit, sport- oder musikbegeistert, genauer oder großzügiger?
Wie bei der Kleidung, die ja auch massenhaft produziert wird, findet fast jeder einen mehr oder minder sichtbaren Weg, sich individuell auszustatten und einzurichten.
Aber auch hier erhält ein Außenstehender nur ein »äußeres Bild« des Bewohners. Alle mit den Gegenständen verbundenen Gedanken und Erinnerungen, die menschliche Seite der Dinge, die eigentliche Gebrauchsgeschichte der Lebensumgebung, bleibt uns häufig verborgen.

Aufgaben:

▼ Spiele Detektiv bei den Bildern 27.1/2:
Was erfährst du über die jeweilige Familie, die Bewohner? Versuche, deine Aussagen zu begründen!

Bild 27.1 Wohnraum in Mitteleuropa

Bild 27.2 Wohnraum in Südamerika

27

4. DESIGN UND GEBRAUCHSWIRKLICHKEIT

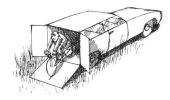

Bild 28.1 Karikatur: ...fährt er nun Fahrrad, weil es in Mode ist, oder hat er umgedacht und ist umweltbewußt geworden?

4.2 Gebrauchsalltag gestern, heute und morgen

Designer und Produzent haben kaum direkten Einfluß auf den »Eigensinn des Verbrauchers«. Aber neben anderen gibt es zwei wichtige Bereiche der Gebrauchswirklichkeit, in die alle drei gleichermaßen eingebunden sind: zum einen sind es »Moden«, zum anderen ist es die »Gebrauchstradition«.

Moden

Neben der »technischen Produktalterung« (z.B. der Materialverschleiß), gibt es auch einen sogenannten »ästhetischen Verschleiß«, Mode oder Zeitgeschmack genannt.

Bekanntestes Beispiel hierfür ist die Kleider-Mode, die regelmäßig neue Trends propagiert und dadurch alte Kleidungsstücke in den hinteren Teil des Kleiderschranks verweist.

Aber auch für andere Gebrauchsgegenstände lassen sich Moden beobachten: Neue Geräte für alte und neue Sportarten, das Mountainbike oder die »Rennmaschine« anstelle des alten Fahrrads, die Vorliebe für bestimmte Materialien oder Farben bei den verschiedensten Produkten.

Dies alles sind Belege dafür, daß es neben dem individuell bestimmten Umgang mit Gebrauchsgegenständen auch einen wichtigen gesellschaftlichen Anteil gibt.

Manche Poduzenten und Designer erliegen dabei der Verführung der Moden. Es gibt häufig Beispiele, wo nur das Äußere eines Produktes modernisiert, dem Zeitgeschmack modisch angepaßt wird: Ein grüner Anstrich für das Auto macht eben noch lange kein umweltverträgliches Verkehrsmittel, eine neue Flasche für irgendein Putzmittel ist keine Verbesserung für den Inhalt. Der Designer nennt dies »Styling«, im Unterschied zum umfassenderen »Designprozeß«, der neben Form und Technik alle Bereiche der Planung und Herstellung, des Verkaufs und Gebrauchs sowie der Entsorgung bedenkt.

Eine wichtige Rolle spielt in diesem Zusammenhang natürlich auch die Werbung. Sie stellt neue Trends und Entwicklungen dar, macht Moden bekannt, ist dabei selbst modischem Wechsel unterworfen.

Ob die Werbung dabei nur vorhandene Entwicklungen spiegelt, oder diese erst durch Werbung entstehen, ist eine alte Streitfrage.

Es wird sicher niemand zu einer Mode gezwungen, ein gewisser sozialer Zwang ist aber gerade bei jungen Menschen, z.B. im Freundeskreis, häufig zu beobachten (Turnschuhe einer bestimmten Marke, Jeans in modischer Ausführung usf.).

Der Designer muß natürlich Zeiterscheinungen mit berücksichtigen, muß auf sie reagieren, wenn sich sein Produkt gut verkaufen soll. Und bei der Vermarktung wird natürlich auch über eine Werbestrategie nachgedacht, die die Verbraucher zu einem bestimmten Zeitpunkt möglichst effektiv anspricht, also auch »modisch« ist. (siehe Kapitel 1.3 und 2.1)

Tradition: »König Löffel«

Das charakteristische Verhältnis von Mensch und Gebrauchsgegenstand in einer bestimmten Zeit ist Teil der gesamten Kultur, Ausdruck des Zeitgeistes, wie man heute sagt.

Dieses Verhältnis ist dabei in vielen Fällen von einem Grundverständnis für Umgang und Benutzung gekennzeichnet, welches uns nicht angeboren und an den Gebrauchsgegenständen auch nicht abzulesen ist. Vielmehr wird dieses in einem lebenslangen Gewöhnungs- und Lernprozeß innerhalb der Gebrauchstradition vermittelt.

Richtig essen lernt man schon als Kind mit Löffel, Gabel und schließlich mit dem Messer. Unauffällig wird man so in eine Kultur des Miteinander eingeführt, die ganz früher einmal die Verwandlung des Ritters in einen Hofmann anzeigte und dann viele Entwicklungsstufen bis in das bürgerliche Zeitalter durchlief. [...]

Wozu und wie ein Löffel zu gebrauchen ist, lernt man in unserer Kultur als Kind fast von selbst. [...]

Hält man sich nicht daran, verliert man diesen gesellschaftlichen Halt, fällt man aus der Rolle. Man weiß genau, wie die Suppe einzunehmen ist: leicht pusten darf man, schlürfen schon nicht, und daß der Löffel eben wie ein Löffel und nicht wie eine Schaufel zu halten und zu handhaben ist, hat man auch verinnerlicht. Man hat dem Löffel ein gebieterisches Recht am eigenen Leibe eingeräumt.
(Selle, 1986)

Würde ein avantgardistischer Designer beispielsweise Besteck entwerfen, das mit den Füßen bedient wird, wäre dies zwar recht originell, nähme aber wenig Rücksicht auf Gebrauchstraditionen. Voraussichtlich hätte eine solche Neuschöpfung daher auch wenig Erfolg. Dem kreativen Spielraum des Entwerfers sind hier also bestimmte Grenzen gesetzt.

Bild 28.2 Styling: Radios der 50er Jahre, vom Auto-Kühlergrill inspiriert wird die äußere Form verändert.

Bild 28.3 Text aus einem Mode-Katalog: »UPLINE - das ist Mode zum Abheben! Total auf der Höhe, was die neuesten Trends und die tollen Qualitäten angeht.«

4. DESIGN UND GEBRAUCHSWIRKLICHKEIT

Ausblick: Vom Werkzeug zum Bildzeug

Die Gebrauchswirklichkeit verändert sich zusehends durch die technologische Entwicklung: Vom Radio zur Stereoanlage, vom Rechenstab zum Taschenrechner, von der Schreibmaschine zum Computer usf. Sie ist gekennzeichnet durch einen immer abstrakter, weniger anschaulich werdenden Umgang mit den Dingen.

Konnte man früher eine Uhr u.a. durch ihre Zahnräder, ihr Pendel, ihr Ticken »begreifen«, so bietet sich heute dem Laien ein Microchip, dessen Funktionsweise mit Auge und Hand nicht mehr wahrzunehmen ist: Wir leben in einer »automatischen Zeit«, in einer »Knopfdruck-Umwelt«.

Knipsen, Einschalten, Anlassen, Knopfdrücken, ruckartiges Ziehen sind neue Bewegungen der Moderne: sie sind, weder den Personen noch den Dingen Zeit lassend, so künstlich wie ergiebig; das künstliche Licht, ein Eingriff in den Rhythmus der Tage, verändert den alten Arbeits- und Lebensrhythmus dramatisch. Ruckartige Bewegungen, unscheinbar und mühelos die Dinge aus ihrer Ruhe herausreißend, konzentrieren Leistung in einem Moment – eine Effizienz, für die davor eine ganze Sequenz von Handlungsschritten notwendig war. Das Anreißen des Zündholzes, um die Jahrhundertwende erfunden – eine Sekundensache – , betreibt blitzartiges Außerkraftsetzen mühsamer Prozeduren. Die körperliche Bewegung kann so flüchtig werden wie der Gedanke, der Körper nimmt es nahezu nicht einmal wahr, daß er anknipst oder schaltet. Die Bewegungen verlieren ihre Dauer – das heißt jenes für die Individuen erforderliche Maß an Muße und Verweildauer, um die Körper der behandelten Dinge zu begreifen.

(Rittner, 1976)

Aufgaben:

▼ Besitzt du Gebrauchsgegenstände, die »modisch« sind? Hast du sie gekauft, weil Freunde sie auch hatten, oder sehen sie nur modisch aus? Woran erkennt man dieses »Modische«?

▼ Versuche, einen normalen Alltagsgegenstand neu zu »stylen«. Nimm dazu ein Foto/eine Abbildung und überklebe/bemale.

▼ Was sagst du als Verbraucher zu »Styling«? Wo liegt möglicherweise ein Gewinn, wo liegen die Gefahren?

▼ Versuche, Gebrauchsgegenstände zu finden, für die ein »Grundverständnis für Umgang und Benutzung« nötig ist.

▼ Findest du noch weitere Beispiele aus der (Menschheits-) Geschichte, wo viel und lange gelernt werden mußte, damit Dinge so benutzt werden können, wie es heute üblich ist?

▼ Welchen Fortschritt hat die Moderne gebracht, was ging verloren? Was ist mit »mühsamen Prozeduren« im Zitat oben gemeint?

▼ Wie unterscheidet sich das Eindrehen einer Schraube mit Schraubenzieher vom Gebrauch eines Elektroschraubers? Welche sinnlichen Wahrnehmungen macht man jeweils?

▼ Denke in die Zukunft: Wie wird sich unsere Gebrauchswirklichkeit weiter entwickeln? Versuche es an ausgedachten Beispielen vorauszusagen!

Bild 29.1 Keilstein als »Urwerkzeug« der Menschheitsgeschichte, eine Art Frühform des Hammers

Bild 29.2 Mechanik einer Spieluhr: sinnlich wahrnehmbare Technik mit Zahnrädern usw.

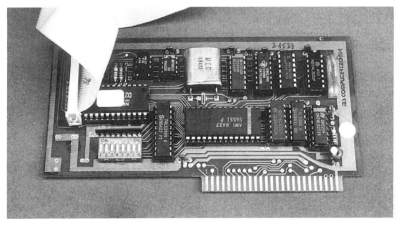

Bild 29.3 Lautlose Elektronik – Funktionsweise unsichtbar, für vielerlei Maschinen geeignet

5. DESIGN UND KUNST

Design:
Entwurfszeichnung, Muster. Designer, Schöpfer von Industrie- und Gebrauchsgegenständen.
(dtv-Brockhauslexikon, 1986)

Kunst:
Bezeichnung für die Gesamtheit des von Menschen Hervorgebrachten, das nicht durch eine Funktion eindeutig festgelegt ist oder darin erschöpft ist,...
(Meyers Großes Taschenlexikon, 1981)

...schöpferisches Gestalten aus den verschiedensten Materialien oder mit den Mitteln der Sprache, der Töne in Auseinandersetzung mit Natur u. Welt.
(Duden, 1983)

5.1 Was ist Design und was ist Kunst?

Das ist doch ganz einfach, oder?

Wer wissen will, was die Begriffe Design und Kunst bedeuten, der greift in der Regel zum Lexikon und schlägt die Definitionen nach. In beiden Bereichen wird gestaltet: Der Designer gestaltet in Form einer Entwurfszeichnung, der Künstler mit den verschiedensten Materialien. Beide sind schöpferisch tätig: Der Designer schöpft Gebrauchsgegenstände, der Künstler Kunstwerke.

Doch woran erkennt man im Zweifelsfall, ob es sich um einen Gebrauchsgegenstand oder ein Kunstwerk handelt?

Die Funktion als Entscheidungshilfe

Eine klare und schnelle Entscheidung fällt nicht immer ganz leicht.

Das Aussehen der Gegenstände allein scheint nicht auszureichen, um festzulegen, ob sie der Welt der Kunst oder der des Designs angehören.

Schauen wir uns die Definitionen noch einmal an! Was versteht man eigentlich unter Industrie- und Gebrauchsgegenständen? Zum einen, daß diese Gegenstände in großer Zahl und mit möglichst geringem Aufwand von der Industrie in Serie hergestellt werden können, zum anderen, daß man sie für einen bestimmten Zweck benutzen kann, daß sie gut funktionieren.

Der entscheidende Unterschied besteht also darin, daß der Designer bei der Gestaltung neben der ästhetischen und symbolischen Funktion stets die praktische Funktion seines Gegenstandes im Auge behalten muß. (Siehe Kapitel 3)

Entwirft ein Designer z.B. einen Einkaufswagen, so ist er zwar auch schöpferisch tätig, aber für ihn steht der kundenfreundliche Transport von Waren und eine kosten- und zeitsparende Massenherstellung eines Einkaufswagen im Vordergrund seiner Überlegungen. Ein Künstler, der sich mit dem Einkaufswagen befaßt, benutzt ihn als Gegenstand seiner künstlerischen Auseinandersetzung mit Natur und Welt, wobei er natürlich nicht an einen Benutzer, manchmal nicht einmal an einen Betrachter seines Werkes denkt.

Ist also bei dem Gegenstand die ihm zugedachte praktische Funktion eindeutig festzustellen, kann man in der Regel davon ausgehen, daß es sich um einen vom Designer entworfenen Gebrauchsgegenstand handelt. Das trifft auch dann zu, wenn ein Gebrauchsgegenstand verfremdet wird, um ihm eine neue praktische Funktion zu geben.

Bild 30.1 Duane Hanson, Frau mit Einkaufswagen, 1970

Bild 30.2 Einkaufswagen im Supermarkt

Erkennt man aber, daß bei der Gestaltung des Gegenstandes eine künstlerische Auseinandersetzung zugrunde lag (z. B. eine formale bzw. farbliche Auseinandersetzung mit einem Aspekt der Realität, das Sichtbarmachen einer persönlichen Ansicht, der Ausdruck subjektiver Empfindungen oder ein Beitrag zur Diskussion über den Kunstbegriff...), so handelt es sich wahrscheinlich um das von einem Künstler gestaltete Kunstwerk. Das trifft auch dann zu, wenn der Künstler einen vom Designer entworfenen Gegenstand mit künstlerischer Absicht verwendet, verfremdet oder vernichtet.

5. DESIGN UND KUNST

Eine besondere Rolle spielt die Architektur: Im Unterschied zur Kunst muß sie neben ihrem künstlerischen Charakter immer auch die praktische Funktion beachten. Sie wird daher stets ein Sonderfall der Kunst bleiben.

Muß man immer unterscheiden?

Es ist kaum noch zu übersehen, daß Kunst und Design heute immer enger zusammenrücken. Manchmal wollen sich selbst Experten nicht mehr festlegen, ob es sich um Kunst- oder Designgegenstände handelt..

Doch wen wundert es? Schließlich war es schon immer ein Traum der Architekten und Künstler unseres Jahrhunderts, Gebrauchsobjekte zu entwerfen, die eine Einheit von Leben und Kultur bilden.

In diesem Zusammenhang spielt das Kunsthandwerk, das man zur besseren Abgrenzung gegenüber der freien Kunst auch als angewandte Kunst bezeichnet, eine besondere Rolle, denn hier findet man sowohl typische Merkmale der Kunst als auch des Designs: Einerseits arbeiten die Kunsthandwerker mit ähnlichen Mitteln und Absichten wie die freien Künstler, andererseits gestalten sie Gegenstände, die man auch benutzen kann.

Diana Prokot nennt sich schlicht »Schmuckmacherin«. Sie entwirft freie Skulpturen, also Kunstwerke. Dann entwickelt sie aber aus diesen Arbeiten Halsbänder, Broschen, Ringe.

»Cocktail«, ein Berliner Keramiker-Duo, wehrt sich energisch gegen die Bezeichnung »Künstler«: *»Da gibt's schon genug Leute, die so tun als ob, und eigentlich ist alles, was sie machen, auch nur Busineß.«* (Heike Mühlhaus, 1987)

Sie lassen die Frage offen, ob sie ihre Vasen, Schalen und Kugeln mit linearen weißen Kontrastdekoren, Zickzackmustern oder Strichreihen nun als Gefäß, Gebrauchsgegenstand oder Objekt verstanden wissen wollen.

Aufgabe

▼ Betrachte die Einkaufswagen der Abbildungen 30.1, 30.2 und 39.1! Design oder Kunst? Versuche, zu begründen.

▼ Untersuche, wie Professor H. Jünger zur Frage: »Kunst oder Design« steht! (Interview Seite 16)

Bild 31.1 Diana Prokot: Brosche oder abstrakte Plastik?
»Es kommt nicht darauf an, ob ich angewandte oder abgewandte Kunst produziere, entscheidend ist allein das Zusammenspiel von Form, Farbe und Material.«
Diana Prokot, 1987

Kunsthandwerk, Kunstgewerbe, angewandte Kunst:
die Herstellung (sowie deren Erzeugnisse) von Gebrauchsgegenständen, die über ihre Funktionstüchtigkeit hinaus formschön gestaltet sind, und von Ziergegenständen, die nicht den Anspruch erheben, autonome Kunstwerke zu sein.
(Meyers Großes Taschenlexikon, 1981)

Bild 31.2 Cocktail / Heike Mühlhaus: Schwarzbunt, Programm 1986 (Schale, Container, Kugel, Platte, Teller)
Gebrauchsgegenstand oder Kunstobjekt?
»Wie's beliebt! [...] Jeder kann selbst entscheiden, ob er gar nichts oder ob er seine schmutzigen Socken reinsteckt. «
Heike Mühlhaus von »Cocktail«, 1987

5. DESIGN UND KUNST

Pablo Picasso
(1881-1973), spanischer Maler, Graphiker und Bildhauer, zählt zu den wichtigsten Vertretern der Kunst des 20. Jahrhunderts.

Collage
(frz. colle = Leim) ein durch Aufkleben verschiedener Materialien hergestelltes Bild.

Vincent van Gogh
(1853-1890), niederländischer Maler, wurde zu einem wichtigen Wegbereiter der Kunst des 20. Jahrhunderts, da er versuchte, seine innersten Empfindungen in Bildern auszudrücken.

Bild 32.1 Pablo Picasso, Gitarre, 1913, Collage.
66,4 x 49,6 cm. The Museum of Modern Art, New York

Bild 32.2 Pablo Picasso, Affenmutter mit Kind, 1951, Bronze.
53,3 x 33,3 x 52,7 cm. The Museum of Modern Art, New York

5.2 Was hat der Gebrauchsgegenstand in der Kunst zu suchen?

Wer heute eine Ausstellung moderner Kunst oder eine Kunstsammlung des 20. Jahrhunderts besucht, stellt fest, daß immer häufiger ganz alltägliche Gebrauchsgegenstände in die künstlerische Darstellung einbezogen werden. Unter den Künstlern scheint der Gebrauchsgegenstand inzwischen längst ein akzeptierter Bestandteil ihrer Kunstwelt geworden zu sein.

Der Gegenstand als Bildmotiv

Doch das war nicht immer so. Zwar wurden auch schon früher – z. B. in Stilleben – die unterschiedlichsten Gebrauchsgegenstände in Bilder einbezogen; aber sie spielten zunächst nur eine untergeordnete Rolle. Sie hatten z. T. symbolische Bedeutung, z.T. wollten die Maler aber nur zeigen, wie naturgetreu sie Gebrauchsgegenstände malen können. Ganz allmählich – vor allem seit dem 19. Jahrhundert – änderte sich die Einstellung der Künstler. Sie erkannten immer mehr die vielen Verwendungsmöglichkeiten des Gebrauchsgegenstandes und seine Bedeutung für die Kunst.

1883 schrieb Vincent van Gogh: »*Heute habe ich dem Platz einen Besuch abgestattet, wo die Aschenmänner den Müll jetzt hinbringen. Mein Gott, war das schön! [...], Eimer, Körbe, Kessel, Eßnäpfe... Ich werde heute Nacht wohl im Traum damit zu schaffen haben, aber vor allem diesen Winter bei der Arbeit.*«

Völlig fasziniert von ihrer äußeren Erscheinung wählte er die Gebrauchsgegenstände zum eigenständigen Motiv einiger seiner Bilder.

Auch heute werden viele Menschen noch von alten Dingen angelockt. (Vergleiche Kapitel 4: »Flohmarkt«)

Der Gebrauchsgegenstand wird zum Bestandteil eines Kunstwerkes

Als *Pablo Picasso* gemeinsam mit Georges Braque 1911 die Collage erfand, deuteten sich für die Verwendung der Gebrauchsgegenstände in der Kunstwelt ganz neue Möglichkeiten an.

In der Collage (ursprüngliche Bezeichnung: Papiers Collés) wurden verschiedene, z. T. auch bedruckte Papierstückchen wie Zeitungsausschnitte oder Tapetenreste zu einem Bild zusammengefügt.

Anstatt zu malen, klebte Picasso seine Bilder. Doch er beschränkte sich nicht lange auf Papierstückchen. Schon bald benutzte er auch bedruckte Stoff- und Wachstuchreste sowie andere Materialien und Abfälle.

Dabei ging es ihm aber nicht um das Abbild dieser alltäglichen Materialien. Vielmehr verwendete er sie, um andere Gegenstände darzustellen. So wurde (in Bild 32.1) aus dem Muster einer bedruckten Tapete die Oberfläche einer Gitarre.

Was zunächst nur zweidimensional auf der Bildfläche geschah, übertrug Picasso später auch auf seine dreidimensionalen Arbeiten: Als er aus Ton eine Affenmutter modellierte, entdeckte er ein Spielzeugauto, das er für geeignet hielt, den Kopf des Tieres darzustellen. Also montierte er es auf seine Plastik. Um die künstlerische Verwandlung des Spielzeugautos in einen Affenkopf zu verewigen, ließ er die Plastik anschließend in Bronze abgießen.

5. DESIGN UND KUNST

Die Gegenstände verlieren bei Picasso ihre ursprüngliche Funktion, zugunsten einer Rolle als Darstellungsmittel für ganz andere Motive: Die alten Dinge erhalten im neuen Zusammenhang einen ganz anderen Sinn.

Auch in den Kunstwerken von *Joseph Beuys* tauchen Gebrauchsgegenstände, meist ohne künstlerische Veränderung ihres ursprünglichen Aussehens, auf. Beuys sieht in diesen Gegenständen einen Bestandteil des alltäglichen Lebens.

Er geht davon aus, daß die Menschen mit allen Dingen ganz bestimmte individuelle Empfindungen und persönliche Erfahrungen verbinden. Diese subjektiven Vorstellungen möchte er mit den Gegenständen, die er in seinen Arbeiten verwendet, vermitteln.

In den Kunstwerken von Joseph Beuys spielt daher eine symbolische (und nicht mehr die ursprüngliche) Funktion des Gegenstandes die entscheidende Rolle. So auch in der Installation »Das Rudel«, die aus gewöhnlichen Gebrauchsgegenständen besteht: einem Kleinbus und 20 Schlitten, die u.a. jeweils mit einer Filzrolle und einer Stablampe bestückt sind.
Sie sind einerseits praktische Hilfsmittel zum Überleben, andererseits auch Symbole.

Stefan Wewerka geht noch einen Schritt weiter, indem er die Gebrauchsgegenstände nicht mehr mit anderen Dingen kombiniert, sondern sie selbst künstlerisch verfremdet.

Seine bevorzugten Gegenstände sind Stühle, die er zersägt, zerlegt und verformt, um sie anschließend wieder zusammenzusetzen, aber nun mit völlig verändertem Aussehen: schräg, verbogen, ohne Sitzfläche und manchmal mit nur einem Bein.

Der Gebrauchsgegenstand verliert mit voller Absicht seine ursprüngliche Funktion und wird stattdessen als Arbeitsmaterial für die Herstellung der »Kunst-Stühle« verwendet: Gebrauchsgegenstände werden zerstört, um Kunstwerke zu schaffen.
(Vgl. Bild 33.2)

Aufgaben

▼ Was könnte van Gogh an den alten Gegenständen – neben ihrer äußeren Erscheinung – noch fasziniert haben?

▼ Überlege, mit welchen Gebrauchsgegenständen man einen Stierkopf darstellen könnte.

▼ Woran könnte Joseph Beuys bei den Gegenständen der Installation »Das Rudel« gedacht haben?

▼ Verfremde (in Form einer Entwurfszeichnung) einen Tisch im Stil von Stefan Wewerka.

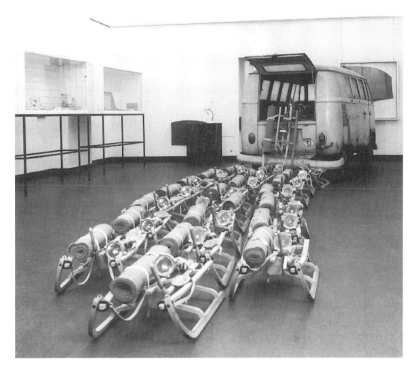

Bild 33.1   Joseph Beuys, Das Rudel, 1969, Rauminstallation

Joseph Beuys
(1921-1986), deutscher Zeichner, Objekt- und Aktionskünstler. In den 50er Jahren definierte Beuys seinen »erweiterten Plastikbegriff«, der von grundlegenden Gegensätzen wie Wärme und Kälte oder Kreativität und Rationalisierung ausgeht. Seine bevorzugt verwendeten Materialien sind: Fett (Wärmeenergie), Kupfer (Leiter) oder Filz (Isolation).

Stefan Wewerka
in Deutschland lebender Künstler, Architekt, Designer

Bild 33.2   Stefan Wewerka, Installation Lecturing Hall, 1971

5. DESIGN UND KUNST

Der Gebrauchsgegenstand als Kunstobjekt

Die Einbeziehung der realen Gebrauchsgegenstände in die Kunstwelt geschah nicht etwa Schritt für Schritt und für den Betrachter nachvollziehbar, sondern sie erfolgte radikal mit einem Schlag, schon kurz nachdem Picasso die ersten Collagen geklebt hatte.

Im Jahre 1914 machte ein Gebrauchsgegenstand eine erstaunliche Karriere: Ein gewöhnlicher, fabrikgefertigter, metallener Flaschentrockner wurde zum Kunstgegenstand. *Marcel Duchamp* hatte ihn in der Absicht, den ästhetischen Rummel zu entmutigen, ausgewählt und schlicht und einfach zum Kunstwerk erklärt. (Vgl. Bild 34.2)

1915 stieß Duchamp auf das Wort »Ready-made« (schon gemacht), das er als Bezeichnung für diese Art von Kunstwerk auswählte. Er betonte damit, daß nun ein vorgefertigter Gegenstand, ohne jede künstlerische Veränderung, an die Stelle des vom Künstler aus Form und Farbe gestalteten Kunstwerkes treten kann.

Der völlig unveränderte Gegenstand behält zwangsläufig seine ursprüngliche Funktion, bleibt damit objektiv Gebrauchsgegenstand. Nur aus der Sicht des Künstlers oder einiger Eingeweihter verwandelt er sich zum Kunstwerk. Bei soviel Subjektivität müssen alle Versuche scheitern, zwischen Design und Kunst zu unterscheiden.

Aufgabe

▼ Kennst Du andere Künstler, die Ähnliches gemacht haben?

Marcel Duchamp
(1887-1968), französischer Maler, Objekt- und Konzeptkünstler.

Bild 34.1 Flaschentrockner wurden früher meistens von Getränkeherstellern nach dem Reinigen der Flaschen benutzt.

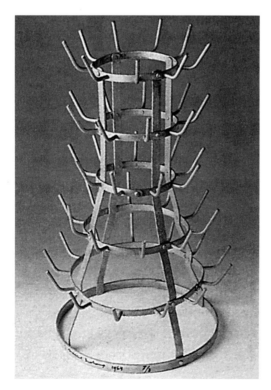

Bild 34.2 Marcel Duchamp, Flaschentrockner, 1914

5.3 Was will die Industrie mit der Kunst?

In der Industrie hat man anscheinend erkannt, daß es nicht nur darauf ankommt, die Produkte formschön und funktional zu entwerfen und herzustellen, sondern darauf, daß diese Produkte zusätzlich noch ein bestimmtes Prestige verkörpern müssen: Auch die Hersteller haben die zunehmende Bedeutung der symbolischen Funktion ihrer Produkte erkannt.

Offenbar lassen sich aber gerade mit künstlerischer Gestaltung oder dem Einbeziehen künstlerischer Werke, Stilmerkmale und Motive besonders gute Geschäfte machen, denn es gibt eine ganze Reihe von Firmen, die die unterschiedlichsten Versuche unternommen haben, um ihren Produkten ein künstlerisches »Outfit« zu geben.

Kleider mit künstlerischer Note

»Von heute an sind Ausstellungen von Damen-Kleidern in die Kategorie von Kunstausstellungen eingereiht!« erklärte 1900 der belgische Künstler, Architekt und Inneneinrichter Henry van de Velde bei der Eröffnung einer von ihm angeregten Ausstellung, die ausschließlich von Künstlern entworfene Kleider zeigte. Da er die Mode für unbeständig und verlogen hielt, hatte er Frauenkleidung nach allgemeingültigen ästhetischen Gesichtspunkten gestalten lassen, um ihnen dauerhaften Charakter zu verleihen.

Es war jedoch vorauszusehen, daß diese Absicht scheitern mußte, da für zahlreiche Kunden der besondere Reiz der Mode gerade in ihrer Unbeständigkeit liegt.

Als die Künstlerin Sonia Delaunay 1925 ihre selbstentworfenen und -genähten Gewänder ausstellte und der Pariser Mode-Macher Jacques Heim auf ihre Stoffentwürfe und Modelle die Exklusivrechte erwarb, verkündete sie, daß nun die Trennung von Kunst und Mode endgültig aufgehoben sei.

Allerdings trifft dies nur zum Teil zu, da es sich bei den Modellen dieser Art lediglich um einen ganz kleinen Ausschnitt aus der gesamten Modepalette handelt.

Inzwischen werden Künstler in regelmäßigen Abständen sowohl von großen Textilfirmen als auch von anerkannten Modeschöpfern beauftragt, tragbare Kleidung zu entwerfen.

Aber auch im weniger exklusivem Bereich der Alltagsmode gibt es Kunst: Seit Andy Warhol den Massenartikel Campbell-Suppendose aus seiner gewohnten Umgebung entfernt hatte und als Kunstmotiv produzierte, erlangte die Dose im Bewußtsein der Betrachter ein »Kunst-Image« und wurde zu dem, was sie heute ist: künstlerische Dekoration, die auf Modeartikeln deren Verkauf fördern soll.

»Und dann machen sie ein paar Pyjamas mit Campbell-Konservendosen überall darauf und machen ein Riesengeschäft.«
(Frank Zappa, 1967)
(Siehe Bild 35.3)

5. DESIGN UND KUNST

Bild 35.1 Foto von Original-Campbell's-Konservendosen (... die kleinere Dose steht auf der weißen Fläche weiter hinten)

Bild 35.2 Andy Warhol, Campbell's Soup, 1962, Siebdruck

Bild 35.3 Campbell-T-Shirt

Möbel mit Künstlersignatur

Das 1981 vom Designer Ettore Sottsass gegründete Unternehmen »Memphis« wurde in den 80er Jahren zum Inbegriff für extravagantes und anspruchsvolles Avantgarde-Design (Siehe Kapitel 7). Nach dem Ausscheiden von Sottsass und seinen Mitarbeitern im Jahr 1988 suchten die Manager der Designer-Gruppe nach neuen Wegen, dem Renommée des Namens Memphis und seinen Ansprüchen gerecht zu werden.

Jung-Manager Alberto Albrici bat daher zehn bekannte Künstler, Möbel zu entwerfen, die sie *»gerne auch bei sich zu Hause haben würden«*: *»Ein Versuch, an neues kreatives Potential heranzukommen«*. (Albrici, 1989)

1989 kamen die Künstler-Design-Objekte unter der Bezeichnung »Metamemphis« auf den Markt.

Der italienische Künstler Sandro Chia hatte die Beine seines Bronze-Tisches derart gestaltet, daß sie, aus bestimmter Perspektive betrachtet, die Form seiner Bildunterschriften bildeten.

Auch das Regal von Susanna Solana, spanische Stahlbildhauerin, trägt deutlich ihre künstlerische Handschrift: Eine Regalskulptur, die sich klar an ihren strengen, gradlinigen Kunst-Objekten orientiert.

Aufgabe

▼ Wieso versprechen sich die Hersteller gerade von einem künstlerischen »Outfit« gute Geschäfte?

▼ Beobachte, ob es in deiner Umgebung auch T-Shirts, Schals oder Pullover mit Kunstmotiven gibt.

▼ Untersuche die Arbeiten von Chia und Solana. Entscheide, ob es sich deiner Meinung nach eher um Designer-Objekte oder Kunstwerke handelt! Benutze den Aspekt der Funktion als Entscheidungshilfe.

Bild 35.4 Sandro Chia, Tisch, 1989

Andy Warhol
(1927-1987), amerikanischer Künstler und Filmemacher. Einer der führenden Vertreter der Pop-Art.

Ettore Sottsass
siehe Seite 41

Bild 35.5
Susanna Solana, Regal, 1989

5. DESIGN UND KUNST

Bild 36.1 Alessandro Mendini, Umgestaltete Anrichte, 1978

Bild 36.4 Alessandro Mendini, Ball, 1980

Alessandro Mendini
geb. 1931 in Mailand, seit 1977 Chefredakteur der Design-Zeitschrift »Modo« und 1980-85 von »Domus«;
Mitarbeiter beim Design-Studio »Alchimia« und Verfechter des »Neomodernen Designs«.

Ein Designer arbeitet wie ein Künstler

Zweifellos ist Alessandro Mendini, Kernmitglied und Vordenker der Mailänder Designer-Gruppe »Alchimia«, von Beruf zunächst einmal Designer, denn er entwickelt und produziert (u.a.) funktionstüchtige Gebrauchsgegenstände (Siehe Kapitel 7).

Was ihn von seinen Berufskollegen unterscheidet, sind seine Beweggründe, seine Arbeitsweise und seine Zielvorstellungen. Er selbst bezeichnet Alchimia als Versuchslabor visueller Gestaltung und verweist damit auf die Nähe zur künstlerischen Tätigkeit. Es geht ihm nicht um die Abgrenzung der Disziplinen Design, Bildhauerei, Architektur, Malerei, Kunsthandwerk oder Theater, sondern um die dazwischenliegenden Freiräume.

Mendini sieht den Entwurfsprozeß als »*endlose Aufgabe, ohne Anfang, ohne Ende, ohne Legitimation*« (1985). Das Entwerfen wird zu einem grenzenlosen Prozeß, der frei durch alle Kulturen, Kunstgattungen und -stile sowie den zahllosen Lebensbereichen schweift und gestaltet. Der Gegenstand selber wird zum zufälligen Ergebnis dieses Prozesses.

In diesem Versuchslabor visueller Gestaltung werden Gegenstände mutwillig aus ihrem Zeitbezug und ihrer Funktion herausgerissen, werden zerstückelt, umgestaltet, neu zusammengesetzt.

Werke »großer« Kollegen werden überarbeitet, verfremdet, parodiert. Stile werden kopiert, erweitert oder als Ausdrucksmittel wiederverwendet. Künstler werden zitiert, ironisiert oder selber zur Mitarbeit aufgefordert.

»*Alchimia vereinnahmt den ewigen Drang des Menschen, unaufhörlich das Bild der Welt und ihre Dekorschemata neu zu gestalten*«.
(Alessandro Mendini 1985)

Aufgabe

▼ Welches ist das entscheidende Kriterium, das Mendini von anderen Designern unterscheidet?

▼ Was sagst du zu den Arbeiten der Bilder 36.1, 36.3 und 36.4? Würdest du die Gegenstände gerne besitzen und benutzen?

Bild 36.2 Marcel Breuer, Wassily-Sessel, 1925

Bild 36.3 Alessandro Mendini, Verballhornung großer Werke: Marcel Breuer, 1978

6. DESIGN-STANDPUNKTE

6.1 Designer: ein Traumberuf?

Für viele Jugendliche scheint Designer im Grafik-, Mode- oder Industriebereich heute so etwas wie ein Traum-Job zu sein: Kreativität, ständige Abwechslung, große Selbständigkeit, gute Verdienstmöglichkeiten...

Doch aus den »Blättern für Berufskunde« geht hervor, daß der Studiengang des Designers schon weit über den unmittelbaren Zusammenhang von Gestaltung und Produktion hinausgeht: »*Die Aufgabe des Industrial Designers ist es, die menschenbezogenen Dimensionen der industriell hergestellten Produkte zu bestimmen.*« (1987)

Auch der Rat für Formgebung weist auf die vielen Erwartungen hin, die an den Designer gestellt werden: »*Fragen des Marketing, der Verbraucherinformation, der Umweltplanung und der Humanisierung der Arbeitswelt sind mancherorts Teil des Berufsbilds des Designers geworden. Dazu kommt die wachsende Beschäftigung mit den Simulationstechniken der Medien. Vor allem aber gewinnt auch die Wechselbeziehung mit dem Kunststudium verstärkt an Bedeutung.*« (1989)

Hinzu kommen außerdem noch die Erwartungen und Meinungen aus der Praxis:

6.2 Die Erwartungen der Kunden

Die Erwartungen der Kunden oder Käufer spielen bei der Produktgestaltung für alle Beteiligten eine entscheidende Rolle (Siehe auch Kapitel 3).

Doch diese Erwartungen hängen von unzähligen Faktoren ab: soziale und wirtschaftliche Situation, individueller Geschmack, momentane Laune, Einstellung zur Umwelt...

Auf die Frage »Nach welchen Überlegungen entscheiden Sie sich für den Kauf eines Produkts?« kann man als Antworten hören:

- Das Preis-Leistungs-Verhältnis muß stimmen.
- Das Gerät sollte edel wirken.
- Die Verarbeitungsqualität ist entscheidend.
- Man sollte sich auch überlegen, was später mal damit geschieht.
- Zeitloses Aussehen.
- Das Gerät muß gut funktionieren.
- Originell und witzig sollte es sein.
- Etwas, was nicht jeder hat.
- Ich kaufe nur Praktisches.
- Ich entscheide mich für Dinge, die umweltfreundlich hergestellt sind und die auch beim Gebrauch die Umwelt nicht belasten.
- Immer nur das preisgünstigste.
- Das Gerät muß sich gut reinigen lassen ...

Aufgabe

▼ Ordne die Antworten in Bild 37.1 einer der drei Ebenen zu:
Benutzerebene – Betrachterebene – Besitzerebene.
Welche der drei Ebenen spielt deiner Meinung nach für den Kunden die größte Rolle?

▼ Erstelle einen Fragebogen, mit dem du selbst die tatsächlichen Erwartungen der Kunden herausfinden kannst! (...»Spielt der Firmenname / der Preis / die Haltbarkeit usw. eines Gebrauchsgegenstands beim Kauf eine wichtige Rolle?«...)

Bild 37.1 Karikatur: So geht es dem Designer...

6. DESIGN-STANDPUNKTE

Philip Rosenthal ist Vorstandsvorsitzender der gleichnamigen Porzellanfabrik, die sein Großvater 1880 gründete.

Erwin Braun übernahm 1951, nach dem Tod des Vaters und Firmengründers, gemeinsam mit seinem Bruder Arthur die Firma Braun AG, Hersteller von Elektro-Geräten

Jürgen Braun ist Herstellungsleiter einer deutschen Beschlag- und Türgriff-Firma.

Ettore Sottsass
(Siehe Seite 40)

Rat für Formgebung
(Siehe »Lexikon«)

Bernd Löbach
ist Professor für Industrie-Design, Soziologe und Künstler.
(Siehe auch Seite 39)

6.3 Die Meinung der Hersteller

Für die Hersteller spielen die Erwartungen, die der Kunde an das Design stellt, zwangsläufig eine entscheidende Rolle, denn nur wer diese Erwartungen zu erfüllen versteht, wird sich auf dem Markt auch durchsetzen können.

Welche Aspekte und Erfahrungen stellen Hersteller tatsächlich in den Vordergrund? Einige Beispiele:

Ein Vorstandsvorsitzender

Die Bundesrepublik Deutschland muß ihre Trumpfkarte Design – sei es seitens der Privatwirtschaft oder seitens des Staates – stärker ausspielen. Unser Land ist auf die Ausfuhr von Produkten mit hohem technologischem und vor allem gestalterischem Standard angewiesen wie wohl kein zweites. Sicher, Schönheit allein verkauft sich nicht, aber gepaart mit Spitzentechnik lassen sich auch in Zukunft deutsche Produkte im Ausland absetzen und somit Arbeitsplätze sichern. (Philip Rosenthal, 1985)

Ein ehemaliger Firmeninhaber

Früher war es noch möglich, sich einen guten Butler zu leisten, der hilfreich und unauffällig die alltäglichen Aufgaben erledigte.
Inzwischen kann sich kein 'Normalsterblicher' mehr einen Butler leisten, so daß heute die Gebrauchsgegenstände diese Aufgaben erfüllen müssen.
Gutes Design muß daher wie ein guter Butler sein: hilfreich und unauffällig. (Erwin Braun, 1990)

Ein Herstellungsleiter

Eigentlich glaubten wir, seit eh und je zu wissen, wie aus einer Idee im Handumdrehen eine Türklinke wird. Schließlich beschäftigten wir uns damit seit mehr als 100 Jahren. Aber dann betraten Sie (Dieter Rams, Anm. d. Autors) plötzlich die Szene, und von einem Tag auf den anderen wurde uns unser Selbstbewußtsein genommen.
Zunächst wurde skizziert. Dann entstanden Anschauungsmodelle. Chinesische Lackarbeiten aus Holz. Uns schauderte vor soviel Perfektion. Es sollte noch schlimmer kommen. Unsere bewährten Werkstoffe wurden in Frage gestellt. Gemeinsam gingen wir auf die Suche nach neuen Materialien.
Unsere Vorlieferanten wurden unruhig.
Was war nur [...] los?
(Jürgen Braun, 1990)

Aufgabe

▽ Nenne weitere Interessen, die für den Hersteller von Bedeutung sein könnten!

▽ Bei welchem Aspekt müssen die Interessen von Kunde und Hersteller voneinander abweichen?

6.4 Gedanken zum Schutz der Umwelt

Vieles, was sich den Erwartungen sowohl der Kunden als auch der Hersteller entsprechend produzieren ließe, schadet unter Umständen der Umwelt.
Wie stehen Betroffene zu diesem Problem?

Ettore Sottsass

...es ist wichtiger, einen gemeinsamen Nenner für eine Kultur zu finden, in der man sich selbst, seine Umwelt, sogar seine Kleider mit einem bestimmten Respekt behandelt. Das ist wichtiger, als einfach nur zu sagen, benutze kein Holz, weil du sonst die Wälder vernichtest.
Man muß sich darüber im klaren sein, daß jedes Material, das man verarbeitet, nun mal von diesem Planeten stammt. (1990)

Rat für Formgebung

Umwelt zu erhalten ist eine der vordringlichsten Aufgaben unserer Zeit, die bereits in der Konzeptionsphase für neue Produkte beginnt. Design leistet hierzu wichtige Beiträge, zum Beispiel durch die Verwendung recyclebarer und umweltfreundlicher Materialien; die Verwendung von Herstellungsverfahren, die die Umwelt nicht belasten; die Gestaltung energiesparender Benutzungsprozesse und die Reduktion von Verpackungsmüll. (1989)

Bernd Löbach

Wo produziert und konsumiert wird, entstehen Abfälle. In der Bundesrepublick Deutschland sind das jährlich insgesamt 50 Millionen Tonnen. [...] Über Produktgestaltung und Werbung wird auf Konsumenten Druck ausgeübt, stets die neuesten Produkte zu benutzen. [...]
Die seit Jahren praktizierte »Wegwerfkultur« und die damit verbundene Bequemlichkeit führten zu einer nicht vertretbaren Ausbeutung der Natur an Rohstoffen und Energie und zu einer Belastung der Umwelt mit Abfällen, die das ökologische Gleichgewicht der Natur erheblich stören. (1983)

Aufgabe

▽ Welchen Beitrag könnte der Kunde beim Kauf von Gebrauchsgegenständen zum Schutz der Umwelt leisten?

▽ Kennst du den »Grünen Punkt«?
  - Was bedeutet er?
  - Was hältst du davon?
  - Gibt es Zeichen mit ähnlicher Bedeutung?

▽ Wie steht es bei Getränken? Blech-Dosen, Glas-Flaschen, Papp-Kartons – Welche Packung ist deiner Meinung nach umweltfreundlich? Begründe!

6. DESIGN-STANDPUNKTE

6.5 Die Erkenntnisse der Design-Kritiker

Zu jedem Fachgebiet – so auch bei »Design« – gibt es sogenannte Kritiker. Meistens handelt es sich dabei um Wissenschaftler oder Journalisten, die über ihr Gebiet schreiben, berichten oder diskutieren, sobald sie Erkenntnisse – positive oder kritische – entwickelt haben, die von allgemeinem Interesse sind.

Volker Albus

Allzulange waren die Scheuklappen festgezurrt, der Blick auf perfekte Funktionserfüllung fixiert. Und waren da mal schüchterne Fragen nach Ornament und Zierrat - und die gab's und gibt es reichhaltig - so wurden diese schlichtweg ignoriert und hochmütig der tumben Einfältigkeit rustikaler Fließbandproduzenten überlassen...

Ein Einkaufswagen. Einer von 5,2 Millionen, die auf den 19,2 Millionen Qudaratmetern Verkaufsfläche des deutschen Einzelhandels täglich mit Holland-Tomaten, Zahnpasta oder Fleischwurst gefüllt werden. Das wäre wohl so weiter gegangen bis zum statistischen „Lebensende" von 10 Jahren, hätte nicht Stiletto diesen Wagen durch wenige gezielte Eingriffe in den Lounge Chair »Consumer's Rest« verwandelt und so aus seinem tristen Kuli-Dasein befreit. Readymade Design. Ad hoc Design. [...]
(Vgl. Seite 34)

Bild 39.1 Stiletto, Lounge Chair »Consumer's Rest«, Nr. 6/1984

Bernd Löbach

Eine entscheidende Forderung von Bernd Löbach lautet, daß die Produkte vom Benutzer selbst gestaltet oder mitgestaltet werden. Nur so könne man die Fremdbestimmung der Gestaltung überwinden. Als Beispiele nennt er:

- Produkte zu Ende gestalten (z.B. Ikea-Möbel)
- Produkte verändern durch Bekleben, Bemalen, Ergänzen...
- Verwendung von Produkten in einem neuen Gebrauchszusammenhang. (z. B. Waschmaschinentrommel als Blumenkübel)
- Wiederverwendung von Altstoffen/Altprodukten (Recycling-Design).

Der ehemals ganzheitliche Prozeß, bei dem die eigenen Interessen des Nutzers im Vordergrund standen, wird heute arbeitsteilig durch Spezialisten bearbeitet, wobei der Absatz der Waren das primäre Ziel ist, um Gewinne zu erwirtschaften.

Einer dieser Spezialisten ist der Designer, der für die visuelle Erscheinung der Produkte zuständig ist. Er ist der »Meister der perfekten Form«, der angeblich weiß, was die späteren Käufer der Produkte wünschen. [...]

Die Gegebenheiten in unserer Überflußgesellschaft verführen uns zum schnellen Verbrauch der Güter, obwohl sie noch zu gebrauchen sind, zum Wegwerfen, zur Beziehungslosigkeit gegenüber den Produkten, und es stellt sich die Frage, ob dieses bindungsschwache Verhältnis zu den Gegenständen sich nicht auf das Verhältnis zu den Mitmenschen überträgt. [...] Bisher sind aber in den Sozialwissenschaften die Beziehungen zwischen Menschen und Objekten, der Einfluß der Objektwelt auf das menschliche Wohlbefinden zu wenig untersucht worden.
(Bernd Löbach, 1983)

Aufgabe

Was hat Stiletto an dem Einkaufswagen verändert? Was fasziniert Volker Albus an »Consumer's Chair«?
Worin besteht die eigentliche Kritik von Volker Albus?

Wessen Interessen stellt Bernd Löbach in den Vordergrund seiner Kritik?
Worin sieht Löbach die Ursachen für die Entfremdung gegenüber den Produkten?

Worin besteht der Vorteil von selbstgestalteten gegenüber fremdbestimmten Produkten?

Vergleiche die Forderungen von Volker Albus und Bernd Löbach!
Welche Aspekte sind für dich die wichtigeren?
Begründe deine Entscheidung!

Bild 39.2 Recycling-Design

Volker Albus
geb. 1949, studierte Architektur und ist seit 1976 Architekt, Möbeldesigner, Designkritiker und Leiter von Design-Ausstellungen.

39

6. DESIGN-STANDPUNKTE

Dieter Rams
geb. 1932, seit 1960 Chefdesigner bei der Braun AG, seit 1981 Professor für Industrie-Design an der Hamburger Hochschule für Bildende Künste, Vorstandsmitglied des Rates für Formgebung.
(Siehe Kapitel 7, vergleiche auch Seite 50)

6.6 Die Ansichten der Designer

Kunden, Hersteller, Kritiker, Umwelt... von allen Seiten werden an den Designer Forderungen gestellt. Die Praxis zeigt: Entscheidendes Merkmal ist jedenfalls nicht die manchmal erträumte Selbständigkeit, sondern die Fähigkeit, mit viel Phantasie Design-Lösungen zu finden, die als Kompromiß von allen Beteiligten akzeptiert werden – eine Aufgabe, die dem Laien kaum realisierbar scheint.

Doch wie beschreiben erfolgreiche Designer oder Designergruppen das, was sie als geeignete Design-Lösungen gefunden haben?

Dieter Rams

[...] Ich will versuchen, Ihnen die 10 wichtigsten Eigenschaften, die Design in meinen Augen haben muß, möglichst kurz und möglichst einfach darzustellen.

1. Gutes Design ist innovativ

[...] Es kann keine Rede davon sein, daß es hier keine innovativen Produktideen mehr geben könne, daß alle Möglichkeiten der Technik und damit das Design ausgeschöpft seien. Ich bin ganz sicher, daß überall noch eine Fülle von konkreten und relevanten Fortschritten möglich ist.

2. Gutes Design macht ein Produkt brauchbar

[...] Ein Gerät ist dann gut gestaltet, wenn es optimal brauchbar ist. Wenn es seine Funktionen für den Verwender so gut wie irgend möglich erfüllt. [...] Wenn ein Designer ein wirklich funktionsgerechtes Modell entwickeln will, muß er bereit und fähig sein, sich in die Situation des Verwenders einzufühlen, einzudenken und dessen Wünsche und Bedürfnisse zu verstehen. [...] Die Bedürfnisse der Menschen sind breiter gefächert, als manche Designer es wahrhaben wollen - oder vielleicht auch können.

3. Gutes Design ist ästhetisch

[...] Für uns ist die ästhetische Qualität eines Produkts letztlich ein Teil seiner Brauchbarkeit. [...] Über ästhetische Qualität zu sprechen, heißt über Nuancen zu sprechen, über Bruchteile von Millimetern, über feine, ernsthafte, nuancierte Farbabstufungen, über den Gleichklang und das subtile Gleichgewicht einer Vielzahl von visuellen Elementen... Man braucht ein Auge, das durch jahrelange Berufserfahrung geschult ist, um hier ein fundiertes Urteil zu haben.

4. Gutes Design macht ein Produkt verständlich

[...] Es soll erkennen lassen, wozu das Produkt da ist, wie es konstruktiv aufgebaut ist, wie man es handhabt und bedient, was es leistet und auch, was es wert ist. [...]

5. Gutes Design ist unaufdringlich

Produkte sind keine Lebewesen, nicht einmal Kunstwerke, behaupte ich, obwohl sie oft dazu hochstilisiert werden. Das Design sollte aber helfen, Produkten einen angemessenen Platz in unserem Leben zu geben. [...] Das führt dann zu einer Gestaltung, die man leicht akzeptieren und mit der man sozusagen eine dauerhafte Freundschaft schließen kann - ohne Illusionen und Show, ohne kurzfristige Begeisterung auszulösen. [...]

6. Gutes Design ist ehrlich

[...] Es ist eine Sache der Selbstachtung und der Achtung für den Käufer und Verwender eines Produkts, konsequent auf jede Mogelei zu verzichten. [...] Leider öffnen uns erst massive Pannen, Pleiten und Katastrophen die Augen und zwingen uns zum Gegensteuern.

7. Gutes Design ist langlebig

[...] Ich bin davon überzeugt, daß das Design heute bewußt dazu beitragen muß, den Warenkreislauf und die Wegwerfgeschwindigkeit zu verlangsamen.[...] Es gibt keine Berechtigung mehr für modische Kurzzeit-Produkte.

8. Gutes Design ist konsequent bis in die Details

Ein wirklich gutes Produkt muß in allen einzelnen Aspekten gut sein – zugleich aber mehr als die Summe einzelner Vorteile: nämlich eine überzeugende Einheit. [...]

9. Gutes Design ist umweltfreundlich

Der Designer kann viel dazu beitragen, daß bei der Herstellung eines Produkts keine Rohstoffe, keine Energie verschwendet werden, beispielsweise durch eine überlegte Materialwahl. Er kann auch dazu beitragen, daß beim Gebrauch des Produkts keine Energie verschwendet wird oder daß das Produkt die Umwelt nicht belastet.

10. Gutes Design ist möglichst wenig Design

[...] Für mich gehört es zu den wichtigsten Design-Prinzipien, alles Unwichtige wegzulassen, um so das Wichtigste zur Geltung zu bringen. [...]

Eine einfache Form ist meist schwieriger zu erarbeiten, und wenig Design ist paradoxerweise in der Produktion oft teurer.

(Dieter Rams, 1980)

Bild 40.1 Dieter Rams, Verstärker CSV 250, 1966 (Braun AG)

6. DESIGN-STANDPUNKTE

Ettore Sottsass

[...] Zum Schluß haben wir – nicht nur wegen des politischen Drucks – beschlossen, uns möglichst weit von der Industrie abzusetzen.
Die Industrie folgt einer ziemlich zynischen Logik. Sie kümmert sich immer ums Geschäft, um die Produktion. Wir Designer interessieren uns für die Leute. [...]
Wir produzierten selbst und versuchten, der Industrie eine bestimmte kulturelle Idee anzubieten.[...]
Memphis war in den 80er Jahren revolutionär, weil das Design nicht mehr wie früher verstanden wurde. Die Vorstellung, daß die Schönheit eines Objekts nur aus seiner Funktion entsteht – dieser ganz moralische Aspekt ist seit Memphis verschwunden. Das war die Revolution: Man war wieder offen für alles. Und das war die Idee hinter Memphis und nicht irgendein Stil. [...]
Ich weiß auch nicht genau, wie es weitergeht. Die Menschheit ist ja nicht wie ein Ei, das man ins kochende Wasser wirft und dann sagen kann, daß es in fünf Minuten fertig ist. Es ist Zeit, nicht mehr zu fragen, was wohl als nächstes kommt, sondern es einfach zu tun.
(Ettore Sottsass, 1990)

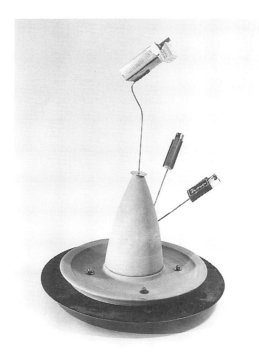

Bild 41.2 Kunstflug, Aschenbecher, 1984

Ettore Sottsass, geb. 1917 Architekt und Designer. Entwirft ab 1958 für Olivetti. Ende der 70er Jahre Mitglied der Gruppe Alchimia, 1981 Mitbegründer von Memphis.
»Ein ganz wichtiger Aspekt unserer Arbeit war, daß wir eine Art Werteverschiebung vorgenommen haben. Wir haben uns gedacht, warum soll man nicht Materialien, die sonst für die Küche oder fürs Bad verwendet werden, für Arbeits- oder Schlafräume gebrauchen?«
(Sottsass 1988)

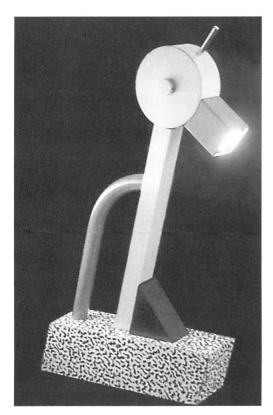

Bild 41.1 Ettore Sottsass, Tischleuchte »Tahiti«, 1981

Die Designer-Gruppe »Kunstflug«

Als Gestalter verleugnet sich der Designer ständig vor seinem Auftraggeber, um ja als Designer und nicht als Künstler ernst genommen zu werden. Von daher ist es nicht nur die Langeweile an der »Guten Form«, die umtreibt, sondern die betuliche Schlitzohrigkeit, mit der sich die »Gute Form« als Retter vergangener, scheinbar unproblematischer industrieller Hochkultur vermarkten läßt.
So entwerfen wir Einzelstücke, machen keine Entwürfe ganzer Räume. Die Objekte lassen alles neben sich gelten, sie ziehen das Gegensätzliche geradezu an.
Knüppelhölzer werden von uns mit Maschinenlacken bespritzt, Naturholz vergoldet und Brokatstoffe über rostende Rohrkonstruktionen gezogen. Das Dogma der Materialgerechtigkeit ist bei uns zur Realisierbarkeit geschrumpft, die wir mehr mißmutig dulden. [...]
Als Preis für unsere „Unsachlichkeit haben wir als Designer unsere Geschichte als Gestalter wiedergefunden, können anknüpfen an Architektur und Kunst und haben weiter mit der Grenzüberschreitung den Raum, die Szene, den Kult entdeckt. Wir sind stark von dem Konflikt geprägt, gegen den Markt und gegen den Produzenten zu entwerfen. Die Alternativen zur Serienproduktion werden handwerklich, müssen handwerklich hergestellt werden. Da wir auch selber produzieren, ist jeder Entwurf für uns eine ökonomische Gratwanderung.
(Kunstflug, 1985)

»Gute Form«
(Siehe Lexikon!)

Materialgerechtigkeit
(Siehe Lexikon!)

Aufgabe

▼ Untersuche den Verstärker in Abbildung 40.1 nach Merkmalen, die charakteristisch für die Auffassung von Dieter Rams sind!

▼ Worin drückt sich die »Revolution« aus, die »Memphis« hervorrief, welcher Design-Gedanke steht hinter der Gruppe »Kunstflug«?

7. DESIGNGESCHICHTE

Bild 42.1   Benvenuto Cellini, Salz- und Pfefferbehälter, 1543, Treibarbeit in Gold mit farbiger Emaillierung für König Franz I. von Frankreich. Salz entnimmt man dem Boot, Pfeffer dem Tempelchen

Bild 42.3   Wilhelm Wagenfeld, Salz- und Pfefferstreuer auf Tablett, genannt »Max und Moritz«, 1952-53. Tausendfach produziertes Set aus Edelstahl (Cromargan) und Industrieglas

7.1 Produkt und Form im Wandel

Vierhundert Jahre trennen die Gewürzbehälter. Es ist normal, daß sich in einem so langen Zeitabschnitt Produktformen wandeln. Doch warum? Wie ein Kunstwerk kann auch ein Gebrauchsgegenstand den Wandel deutlich machen, man muß nur die Sprache des Produktes verstehen.

Die Form. Cellini wie Wagenfeld arbeiten in den Formen ihrer Zeit: figürlich-gegenständlich bzw. geometrisch-stereometrisch.

Die Technik. Der Werkstoff Gold wird seit dem Altertum gewonnen. Er ist selten und deshalb teuer. Stahl dagegen wird seit dem 19. Jh. in großen Mengen und damit preiswert hergestellt. Die Bearbeitung des Werkstoffes geschah bei Cellini in kunstvoller Handarbeit, Max und Moritz sind dagegen Maschinenprodukte aus der Fabrik. Die Arbeitsorganisation lag zu Zeiten eines Cellinis in einer Hand: Entwurf und Ausführung stammten vom Handwerker oder Künstler. Max und Moritz wurden dagegen vom Industriedesigner für ein Industrieunternehmen entworfen und dort von Arbeitern mit Maschinen angefertigt. Entwurf und Ausführung sind in Arbeitsteilung getrennt.

Die Funktion. Für den König von Frankreich war Pfeffer ein exotisches Luxusgut, dessen Wert vom luxuriösen Behältnis, einem *Unikat*, zusätzlich gesteigert wurde. Heute sind Gewürze billige Verbrauchsgüter, die preiswert verpackt werden: Max, Moritz und Millionen weitere, ähnlich schlicht geformte Brüder, Serienprodukte, stehen zum gedankenlosen Gebrauch bereit.

Das Produkt, seine Form, Herstellung und Funktion werden durch die Entwicklung von Technik, Wissenschaft, Gesellschaft und Politik einer bestimmten Zeit bestimmt und verändern sich wie diese.

7.2 Die Industrialisierung beginnt

Mit der Erfindung der Dampfmaschine beginnt in England 1769 die Industrialisierung. Deutschland dagegen ist bis zur Mitte des 19. Jahrhunderts industrielles Entwicklungsland. Es fehlen Know-how, gute Verkehrswege, Transport- und Kommunikationsmittel, Geld – in öffentlichen wie privaten Haushalten. Es gibt zu viele Grenzen, die den Handel innerhalb Deutschlands hemmen.

Biedermeier: Sachlichkeit

Unter diesen Bedingungen lebt der Bürger zwischen 1815 und 1848, später die Biedermeierzeit genannt. Er lebt zurückgezogen im Kreis der Familie, gemäß den bürgerlichen Tugenden: einfach, schlicht, solide, aber gemütlich. In diesem Sinne richtet er die Wohnung ein. Sekretär, Glasschrank, großer Tisch, um-

Bild 42.2 Biedermeier, Wohnzimmer des Künstlers C. W. Gropius, um 1830.

7. DESIGNGESCHICHTE

polstertes Sofa, Näh- und Beistelltischchen, Stühle aus poliertem Obstbaumholz, Möbel, die heute noch üblich sind. Er bevorzugt die einfache Form mit klar gegliederten Flächen und sparsamer Ornamentik. Sachlicher Entwurf und solide handwerkliche Ausführung mit einheimischen Werkstoffen stammen vom Handwerker.

Schinkel: Staatliche Entwurfsförderung

Angesichts der ausländischen Konkurrenz erkennt der preußische Staat, daß Handwerk und Industrie gefördert werden müssen: nicht nur die Technik, sondern auch die Formgebung der Waren. Man gründet deshalb Kunstakademien und Kunstgewerbeschulen, um Gestalter auszubilden. Sammlungen, Ausstellungen und Mustermappen sollen den Geschmack der Entwerfer, Handwerker, Fabrikanten und des Publikums schulen.

In Preußen übernimmt diese Aufgabe Karl Friedrich Schinkel, der künstlerische Berater des Königs. In einem Mappenwerk veröffentlicht er zahlreiche Entwürfe von Gebrauchsgegenständen, die als Vorbilder an Gewerbeschulen und Fabrikanten verteilt werden. Er empfiehlt den offiziellen Stil, die schulmäßige Nachahmung von Mustern und Regeln der Antike und der Renaissance. Sie sollen den Gebrauchsgegenstand verbessern und im Markt erfolgreich machen. Handwerk, Kunsthandwerk und die am Anfang stehende Industrie greifen Schinkels Vorschläge willig auf und verbreiten sie weithin.

Bild 43.1 Karl Friedrich Schinkel, Entwurfszeichnungen für Gefäße, 1821

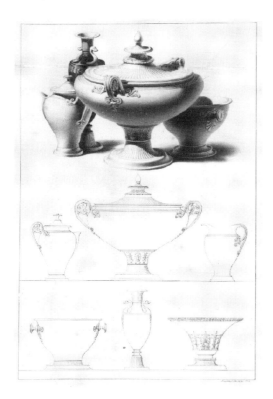

7.3 Gründerzeit

Historismus

Die Nachkommen Schinkels und Biedermeiers denken in der zweiten Jahrhunderthälfte radikal anders. Es sind die modernen, zupackenden, manchmal rücksichtslosen Unternehmer, die im Konkurrenzkampf die industrielle Entwicklung rasant vorantreiben. Wissenschaft, Technik, Bankwesen, Handel und Verkehr beschleunigen den Fortschritt. Handwerker und Landarbeiter ziehen in die Industriegebiete. Ihre Kleinhaushalte steigern zusätzlich den Bedarf an Konsumgütern. Die Wirtschaft wächst und wächst, von Krisen und sozialen Fragen nur kurz gebremst. Riesige Vermögen und Wirtschaftsimperien entstehen – sie führen zur neuen Moral der »Gründerzeit«: Der gesellschaftliche Rang ist von Leistung und Vermögen bestimmt. Und das soll auch gezeigt werden. Man ahmt den Lebensstil des Adels nach.

Der Emporkömmling steckt mit lärmender Selbstdarstellung selbst den braven Bürger an. Modern ist nur, wer mit Stil zu leben weiß, ganz wörtlich gemeint als Neo-Gotik oder Neo-Renaissance. Handwerk, Kunsthandwerk und Industrie befriedigen den Bedarf; besonders schnell bei den Produkten, für die schon jahrhundertelange Gestaltungserfahrungen vorliegen, also bei Architektur und Wohnbedarf. Musterzeichner kopieren aus der Kunstgeschichte alte Stilformen als Vorlagen. Ungelernte Arbeiter übertragen diese Mustervorlagen im Industriebetrieb mit Kopierfräsen und anderen Maschinen direkt auf den Werkstoff oder die Gußform. So entstehen, vom einfachen Haushaltsgegenstand bis zur kompletten Wohnungseinrichtung, Waren in den Formen der großen Epochenstile. Was der Handwerker bisher mühsam und teuer in Handarbeit angefertigt hat, kann die Maschine einfach und billig leisten, und das für einen riesigen Kundenkreis. Historismus-Ware ist begehrt und wird sogar nach Übersee exportiert.

Karl Friedrich Schinkel (1781-1841). Einer der bedeutendsten Architekten des 19.Jh. und erfolgreicher Gestalter von Möbeln, Gefäßen und anderen Produkten. Untersucht 1826 auf einer Studienreise den Stand von Wirtschaft und Architektur im fortschrittlichen England. Empfiehlt als Oberlandesbaudirektor von Preußen Entwurfsrichtlinien:

»Der Fabrikant und Handwerker soll, wir wiederholen es, sich nicht verleiten lassen, selbst zu komponieren sondern fleißig, treu und mit Geschmack nachahmen.« (Schinkel 1821)

Bild 43.2 Patent-Nußknacker, 1888

Bild 43.3 August Kugler, Die bürgerliche Familie im Kaiserreich, 1894

43

7. DESIGNGESCHICHTE

Michael Thonet
(1796-1862). Der Tischler, Erfinder und Unternehmer stellt als erster Möbel in Serienproduktion her. Der französische Architekt Le Corbusier über Thonets Bugholzmöbel: »*Noch nie ist Besseres an Eleganz der Konzeption, Exaktheit der Ausführung und Zweckmäßigkeit geschaffen worden.*«
(Le Corbusier, o.J.)

Bild 44.1 Thonet Stuhl Nr. 14, 1859

Christopher Dresser
(1834-1904). Erster Industriedesigner, Kunsttheoretiker. Dresser entwirft Gerät, Textilien und Tapeten für englische Industriebetriebe. »*Die Gestaltung selbst des gewöhnlichsten Objekts will so sorgfältig überlegt sein, daß die Form die Funktion unmittelbar ausdrückt ...*«
(Dresser, 1870-72)

Erfinderästhetik

Nur wenige stellen diesen Ansatz in Frage. Bei den traditionellen Produkten des Wohnbereiches erfindet der Tischler Michael Thonet eine Lösung, die sich logisch aus einem neuen Herstellungsprozeß heraus ergibt. Er biegt Rundholz unter Dampfeinwirkung in Eisenformen und verschraubt die gebogenen Einzelteile zu Sitzmöbeln. Auf zusätzlichen Stilformenüberzug verzichtet er und schafft so eine sachliche Industrieform nach dem Prinzip: Form folgt der Technik.

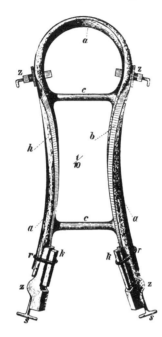

Bild 44.2 Eiserne Einspannvorrichtungen für Bugholzstühle

Dieses Gestaltungsprinzip kann sich noch nicht allgemein durchsetzen. Es findet eigentlich nur dort Anwendung, wo der Erfinder neue Produkte für eine neue Technik entwirft. Unbelastet von einer historischen Vorläuferform baut z. B. der Erfinder Pfaff die erste Nähmaschine als sachlich-technische Industrieform.

Bild 44.3 Haushalt-Nähmaschine Pfaff Nr.1

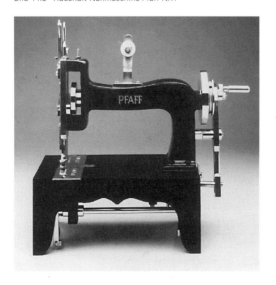

7.4 Reform

Dresser: Erste Industrieform

Gegen Ende des Jahrhunderts kritisieren Entwerfer das industrielle Stilkopieren. Unterschiedliche Reformvorschläge sollen Abhilfe schaffen: Christopher Dresser liefert der Industrie Entwürfe, die die Anforderungen der Maschinen in besonderer Weise berücksichtigen. Er zerlegt das Produkt in einfache Grundformen, die jede für sich gesondert von verschiedenen Maschinen hergestellt und dann zur Gesamtform montiert werden. Und er denkt ökonomisch: Nur die für den Gebrauch notwendigen Formen sollen das Produkt ergeben. Folgerichtig verzichtet er auch auf Ornament oder Stilformenüberzug. Es entstehen die ersten an den industriellen Arbeitsprozeß angepaßten Produkte.

Soweit kamen bereits Erfinder wie Thonet oder Pfaff, deren Produktformen auch die Herstelltechnik spiegeln. Doch Dresser geht weiter. Er fordert, daß die Form die Funktion des Produktes auszudrücken habe. Damit ist er seiner Zeit weit voraus.

Bild 44.4 Christopher Dresser, Teekanne, um 1880, versilbert

Morris: Handwerksreform

William Morris hat erheblich dazu beigetragen, den Durchbruch der Industrieform zu verzögern. Er ist, wie Dresser, gegen den Historismus und die hinter diesen Produkten steckende Verbrauchereinstellung. Stattdessen fordert er Einfachheit und Solidität – aber nicht als Industrieform. Industrielle Produktion nennt er Gift und Erniedrigung für den Arbeiter. Deshalb tritt er für Humanisierung der Arbeit ein und sieht diese Forderung nur im Handwerk erfüllt. Damit die Form des Produktes stimmt, sollen Handwerker und Künstler zusammenarbeiten. Der Ratgeber des Künstlers soll die Natur sein. Morris will Formen, die auch dem entwurzelten Stadtmenschen etwas bedeuten. Das kann für ihn nicht die Form längst vergangener Stile sein. Es ist die vertraute, natürliche Schönheit von Rose, Tulpe, Eiche, die Naturform.

Morris gründet ein Unternehmen, das anfangs im Stil einer Künstlerkommune geführt wird. Er lernt zahlreiche Handwerke und verbessert sie: Seine Stoffe werden mit Naturfarben gefärbt und bedruckt.
Die Produkte der Firma finden ihren Markt in Europa und Amerika, doch hoher Preis und Massenmarkt schließen sich aus. Morris kann nur für das wohlha-

7. DESIGNGESCHICHTE

Bild 45.1 William Morris, Stoffentwurf »Geißblatt«, 1876. Handdruck in Naturfarben von 16 Druckplatten auf Baumwollgewebe.

bende Bürgertum erfolgreich arbeiten. Seine Forderung »Kultivierter Genuß für alle« ließ sich mit handwerklicher Arbeit nicht realisieren, er war nur als Kunst-Handwerker für eine besondere Zielgruppe konkurrenzfähig. Viele seiner Mitstreiter schließen sich in Gilden zusammen, in der Hoffnung, genossenschaftliche Alternativen zur immer weiter fortschreitenden industrialisierten Warenproduktion zu finden. Morris und die sogenannte Arts and Crafts-Bewegung bestimmen die Gestalterszene in Europa bis zur Jahrhundertwende.
Diese Tendenz wird auch von einer anderen Strömung aufgenommen, die bis heute nachwirkt: dem Jugendstil.

Van de Velde: Jugendstil

Nach englischem Vorbild werden auf dem Kontinent Werkstätten gegründet, traditionell geführte Handwerksbetriebe, die vom Künstler entworfenes edles Kunstgewerbe für wohlhabende Bürger herstellen. Der gebildete Bürger der Jahrhundertwende lehnt laute Repräsentation nach außen ab. Er schwärmt für Lebensreform, Jugend, Natur, Kunst- und Luxusgenuß im komfortablen Heim.

Die Antwort der Werkstätten und ihrer Künstlerentwerfer heißt in Deutschland Jugendstil. Henry van de Velde und die Kollegen Maler, Bildhauer und Architekten sind bereit, sich auf angewandtes Niveau herabzubegeben und Formgestalter zu werden. Es soll keinen Unterschied mehr zwischen Gebrauchskunst und richtiger Kunst geben. Alles ist Kunst! Haus, Buch, Stoff, Geschirr, Plakat, Schmuck, Schrift, Gerät, Malerei und Skulptur will der Künstlerentwerfer zum Gesamtkunstwerk verschmelzen.

Nicht mehr das Kopieren alter Stile soll die Gestaltung bestimmen, sondern, Jahrzehnte nach Dresser, ein aus der Natur abgeleitetes Gesetz: Die Form folgt stets der Funktion. Van de Velde nennt sie die unentbehrliche Schönheit, die sich, ganz im Sinne Morris', aus der Natur ergibt. Die gewachsene Pflanzenform ist z. B. Ergebnis ihrer Anpassung und Übereinstimmung mit der natürlichen Umwelt. Der Stilkünstler soll Linie und Ornament so aus diesem Naturvorbild herausarbeiten, daß ornamentale Schönheit entsteht, ohne die angestrebte Funktionalität zu behindern; eine Lampe soll auch als Lampe zu gebrauchen sein.

Es entstehen zwei Spielarten des Jugendstils, pflanzlich-organische und geometrisierende Formgebung. In Belgien und Frankreich als Art Nouveau, in Wien als Sezessionsstil, in Deutschland als Jugendstil, in Glasgow als Decorative Style bezeichnet. Allen gemeinsam sind logische Konstruktion und Zweckmäßigkeit.

Henry-Clément van de Velde
(1863-1957), Maler und Entwerfer. 1901 künstlerischer Berater des Großherzogs Wilhelm Ernst in Weimar.
»Ich habe eine Form der Ornamentik aufstellen wollen, welche der Willkür der Künstlerphantasie nicht mehr frei die Zügel schießen ließ ... Diese Ornamentik ... entsteht aus dem Gegenstande, mit dem sie verbunden bleibt, sie weist auf seinen Zweck oder seine Entstehungsweise hin ... Das Ornament wird ein Organ und weigert sich, nur etwas aufgeklebtes zu sein.«
(Van de Velde, 1901)

William Morris
(1834-96). Handwerker, Unternehmer, Sozialist, Entwerfer, Dichter, Künstler, Typograph, u.v.m.
1861 gründet er mit Künstlerkollegen die Firma Morris & Co. und führt sie später allein weiter.
1888 Mitbegründer der Arts and Crafts-Bewegung.
»(Ich muß auf) Reichtum von Bedeutungen in den Mustern bestehen. Ich will unmißverständliche Andeutungen von Gärten und Feldern haben, von seltsamen Bäumen und Ranken, oder ich kann mit ihren Mustern nichts anfangen, sondern greife nach dem ersten ... Zufallswerk eines kurdischen Schäfers, das er gewoben hat wie es ihm Tradition und Gedächtnis eingaben.« (Morris 1881)

Bild 45.2 Richard Riemerschmid, Tischlampe 1899/1900, Messing, Glasglocke

Bild 45.3 Henry van de Velde, Halsschmuck, um 1900

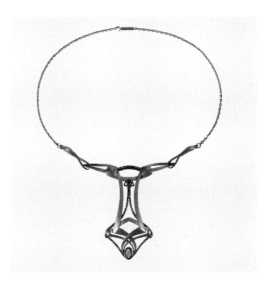

7. DESIGNGESCHICHTE

Peter Behrens (1868-1940). Maler, Architekt, Designer. Sein Haus in der Darmstädter Künstlerkolonie (1901) ist ein von der Architektur bis zur Tischwäsche selbstentworfenes Gesamtkunstwerk des Jugendstils. Ab 1902 entwirft er sachlich-geometrische Produkte. 1907 Chefdesigner der AEG und Gründungsmitglied des Deutschen Werkbundes.

»*Bei allen Gegenständen, die auf maschinellem Wege hergestellt werden, sollte man nicht eine Berührung von Kunst und Industrie, sondern eine innige Verbindung beider anstreben ... Es handelt sich eben darum, für die einzelnen Erzeugnisse Typen zu gewinnen, die sauber und materialgerecht konstruiert sind und dabei nicht etwas unerhört Neues in der Formgebung anstreben, sondern bei denen gewissermaßen der Extrakt aus dem vorhandenen guten Geschmack der Zeit gezogen wird.*«
(Behrens 1910)

7.5 Neue Sachlichkeit: Industriedesign

Fast parallel zum Jugendstil entstehen aber auch andere Stilrichtungen. Um 1902 taucht eine Vorstellung vom Entwerfen auf, die das Ende der Stilkunst herbeiführt: die neue Sachlichkeit. Führende Künstler wenden sich nun vom Jugendstil ab und entwerfen als Industriedesigner sachlich-funktionale Industrieformen.

Der Grund ist im gesellschaftlichen Wandel zu sehen. Begünstigt durch eine wirtschaftliche Aufschwungphase entsteht im ersten Jahrzehnt des 20. Jh. eine neue Mittelschicht mit Kaufkraft. Man hat den Massenmarkt vor Augen, der nur mit großen, maschinell produzierten Stückzahlen befriedigt werden kann. Der individuelle Entwurf muß zwangsläufig vom maschinengerechten Serienentwurf verdrängt werden.

Bild 46.1 Typen: 1909 entwirft Behrens aus runder, ovaler und eckiger Grundform vierundzwanzig unterschiedliche Wasserkessel. Alle Deckel stammen von einer Maschine.

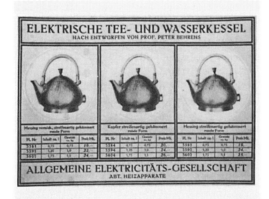

Behrens: AEG

1907 geht Peter Behrens als künstlerischer Beirat zu einem Industriekonzern, der Allgemeinen Elektricitäts Gesellschaft in Berlin. Chefdesigner Behrens krempelt in sieben Jahren Entwurfsarbeit das Erscheinungsbild der AEG, die sogenannte *Corporate Identity*, radikal um. Die Unternehmensarchitektur wird modernisiert, neue Produktions- und Verwaltungsgebäude, Geschäfte, Messestände, sogar Arbeitersiedlungen werden entworfen und weitgehend realisiert. In der Produktgestaltung entstehen elektrische Wasserkessel, Uhren, Lampen, Meßgeräte, Armaturen und mehr.

Dafür muß geworben werden. In der Werbegrafik gestaltet er Schriften und Logos, Plakate, Hauszeitschriften und vieles mehr. Das Beispiel Behrens bleibt lange Zeit ohne Nachfolge.

Deutscher Werkbund

1907 rufen zwölf Entwerfer, darunter Behrens, und zwölf Unternehmer aus der Werkstättenbewegung dazu auf, sich zusammenzuschließen, um Qualitätsprodukte zu fördern. Künstler, Designer, Architekten, Handwerker, Unternehmer, Verleger, Pädagogen, Wirtschafts- und Sozialwissenschaftler werden Mitglied im Deutschen Werkbund. 1914 entbrennt ein Richtungsstreit: Van de Velde vertritt die Position des Künstlers. Er will die individuelle kunstgewerbliche Arbeit. Die Gegenseite fordert für die mittlerweile hochentwickelte Industrie typisierte Industrieformen. Nach jahrelangen Debatten, Ausstellungen und anderer Öffentlichkeitsarbeit kristallisieren sich Richtlinien wie Qualitätsarbeit und Form ohne Ornament heraus; gemeint sind einfache, materialgerechte, logisch konstruierte Formen für maschinelle Herstellung, preiswerte Serienprodukte, sogenannte Typen, mit langer Lebensdauer.

Konstruktivismus und Staatliches Bauhaus

Der erste Weltkrieg unterbricht die Entwicklung. Seine Folgen beschleunigen und konzentrieren die Diskussion um den weiteren Weg des Designs. Künstler und Entwerfer reagieren auf Kriegserlebnis und Nachkriegsnot unterschiedlich. Von alter Handwerkerromantik über Technikbegeisterung bis zu revolutionär- anarchistischen Positionen reicht die Spannweite.

In Weimar gründet Walter Gropius das Staatliche Bauhaus. Vorbild ist die Bauhütte der mittelalterlichen Kathedrale. Er möchte im Geiste Morris' Bildhauerei, Malerei, Kunstgewerbe und Handwerk zu einer neuen Baukunst wiedervereinigen. Ziel des Bauhauses soll es sein, Studenten zu tüchtigen Handwerkern und selbständig schaffenden Künstlern zu erziehen, die in Arbeitsgemeinschaft die Aufgaben der Baukunst, Rohbau, Ausbau, Ausschmückung und Einrichtung zum Gesamtkunstwerk führen.

Die krasse Gegenposition zu dieser Handwerkerromantik nimmt der Holländer Theo van Doesburg ein.

7. DESIGNGESCHICHTE

Er gründet 1917 die Gruppe De Stijl. Sie nennen sich Konstruktivisten und sind Anhänger des industriell-maschinellen Zeitalters. Statt subjektivem Ausdruck fordern sie das Allgemeine, Universalismus. Sie verstehen darunter geo- und stereometrische Grundformen, homogene Fläche statt der Fläche mit Arbeitsspuren, gesprizte Grund- und unbunte Farbe statt manuellem Pinselauftrag, Schablonenanwendung statt freihändig erstellter Form. Mathematische Konstruktion, Plan, Knappheit und Ökonomie sollen ein Bewußtsein für die Konstruktion aus der Geometrie heraus schaffen.

Mit diesem Programm gründet Theo van Doesburg 1921, ebenfalls in Weimar, die Alternativ-Kunstschule De Stijl-Kursus. Als Ausbildungsziel sollen gut gestaltete Produkte für die industrielle Serienfertigung entwickelt werden. Bauhausschüler haben freien Zutritt in die Lehrveranstaltungen.

Wohl als Reaktion auf die konstruktivistische Konkurrenz beruft Gropius 1923 den Konstruktivisten Laszlo Moholy-Nagy als Formmeister der Metallwerkstatt ans Bauhaus. Moholy-Nagy leistet fortan wichtige Überzeugungsarbeit im Hinblick auf Industrienähe. Er rät seinen Studenten von den traditionellen Werkstoffen des Handwerkers wie Holz, Kupfer, Silber ab und empfiehlt stattdessen industrielle Werkstoffe wie Stahlrohr, Sperrholz oder Industrieglas. Die Not der Zeit fordert Sparsamkeit im Materialverbrauch sowie Funktionalität und Langlebigkeit. Deshalb müssen Material- und Arbeitsaufwand verringert werden. Man verzichtet auf Dekor, entwirft schlichte Prototypen für die Serie. Als Standardtypen entstehen Lampen, Stühle, Möbel, Geschirr, usw. für das Wohnen mit Minimalausstattung.

Die neue Bauhaus-Funktionalität scheitert jedoch in ihrer Zeit, nur wenige Standardtypen verkaufen sich gut. Für die meisten Verbraucher der Zielgruppe sind die Entwürfe zu zweckbetont, erinnern in ihrer kühlen Sachlichkeit zu sehr an Industrie und sind schlicht zu teuer. Das Bauhaus weist zwar in die Zukunft der Produktgestaltung, wohl aber eher die Designphilosophie als die Produkte selber. Seine Zukunft findet 1933 ein abruptes Ende.

Bild 47.2 K. J. Jucker, Wilhelm Wagenfeld, Bauhauslampe, 1923/24. Die Werkstoffe stammen aus der Industrie: Metall vernickelt, farbloses und opakes Industrieglas

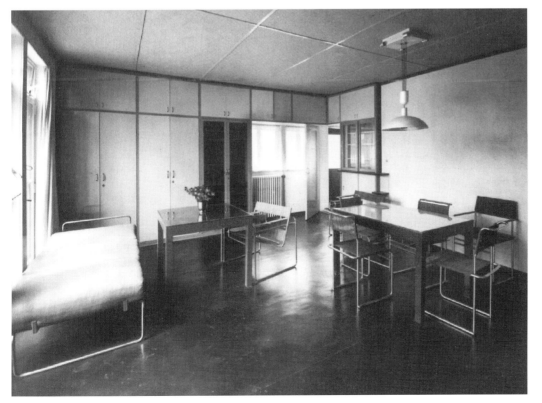

Bild 47.1 Marcel Breuer, Bauhaus-Interieur: Wohnen mit Minimalausstattung als Designaufgabe. Wohnzimmereinrichtung im Haus 16 der Werkbundausstellung. Die Wohnung auf dem Weißenhof in Stuttgart, 1927

Walter Gropius (1883-1969), Architekt, Designer. Mitarbeiter im Büro Behrens. 1919 Gründer des Staatlichen Bauhauses in Weimar und dessen erster Direktor: »Ich bin ein Gegner der irrtümlichen Ansicht, die künstlerischen Fähigkeiten eines Studenten könnten leiden, wenn man sein Gefühl für Wirtschaftlichkeit, Zeit, Geld und Materialverbrauch schärft ... (Wir haben uns bemüht), die Dinge einfach, echt und in Übereinstimmung mit ihren Gesetzmäßigkeiten herzustellen.« (Gropius 1956)

Bauhaus
1919 vereinigt Walter Gropius van de Veldes Sächsische Kunstgewerbeschule mit der Sächsischen Hochschule für Bildende Kunst zum Staatlichen Bauhaus Weimar. 1925 muß das Bauhaus aus politischen Gründen nach Dessau umziehen. Neubau nach Plänen von Gropius.
1933 Schließung. Viele Bauhäusler gehen nach Amerika. Entwerfer: Marcel Breuer, Ludwig Mies van der Rohe, Laszlo Moholy-Nagy, Wilhelm Wagenfeld und Walter Gropius:
»Ziel des Bauhauses war es ... Gestalter hervorzubringen, die durch ihre genaue Kenntnis von Material und Arbeitsprozeß in der Lage waren, die industrielle Produktion unserer Zeit zu beeinflussen.« (1956)

7. DESIGNGESCHICHTE

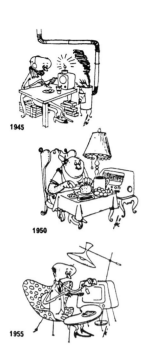

Bild 48.1 Ernst Hürlimann, Karikatur »Ohne Worte«

Bild 48.2 Walter Maria Kersting, Volksempfänger, Entwurf 1928

7.6 Nationalsozialismus: Volksgeräte

Die Nationalsozialisten bekämpfen die neue Sachlichkeit der Weimarer Zeit als Kulturverfall und Kulturbolschewismus. Nach der Machtergreifung wird der Deutsche Werkbund aufgelöst, das Bauhaus muß schließen und geht mit der Gestalterelite in die Emigration. Viele, die zurückbleiben, erhalten Berufsverbot, der große Rest wird gleichgeschaltet.

Das Amt für Schönheit der Arbeit und die Reichskammer für bildende Künste sollen eine neue Volkskultur schaffen, mit kulturell wertvollen und für das Volk erschwinglichen Produkten, die sich an einer völkischen, d.h. an der nationalsozialistischen Weltanschauung orientieren: An Ordnung, Einfachheit, Uniformität, am unbekannten Handwerksgut statt an mathematisch-abstrakter Gestaltung, an organischer Verbindung der Grundform mit einem sinnvollen Schmuck (Symbol).

Es entstehen Volksgeräte wie der Volksempfänger. Regierung und Propagandaministerium fordern, daß jeder Haushalt im Reich billig und sicher den Bezirks- und den Deutschlandsender empfangen können müsse. Man wählt einen gegossenen Bakelitwürfel mit runder Lautsprecheröffnung, Senderskala und drei Drehknöpfen aus und fügt lediglich das NS-Symbol hinzu.

Bis 1939 dauert das Wirtschaftshoch, das für Massenkonsum sorgt, der nur industriell befriedigt werden kann. Bei der Gestaltung von Alltagsgütern, wie dem Volksempfänger, greift man auf die Entwurfserfahrungen des verfemten Bauhauses und seiner Anhänger zurück. Dort fand man eben die größte Entwurfskompetenz bei industriellen Gebrauchsgütern. Die sachliche Industrieform ist im 3. Reich also Folge des Massenkonsums und seiner industriellen Befriedigung. Moderne Architektur und Bildende Kunst konnten zwar im 3. Reich unterdrückt werden, die moderne Gebrauchsform dagegen nicht.

7.7 Nach 1945: Design im Wirtschaftswunderland

Bis 1960 wird wieder aufgebaut und das Notwendigste angeschafft. Das Leben soll modern sein, und das heißt nicht nur praktisch und zweckmäßig, sondern auch frei, mobil und bunt: Das Wirtschaftswunder der Nachkriegszeit, die Massenproduktion für den Binnenmarkt, macht es möglich. Es entsteht ein Design voller Kontraste: Bescheidenheit und Luxus, graues Alltagsprodukt und pastellfarbener Kitsch, Edelmetall und Kunststoff.

Ein Symbol der Zeit ist der Nierentisch. Dieser niedrige Couchtisch dient nur noch als Ablage von Gläsern und Gebäck, denn niemand will mehr steif am hohen Wohnzimmertisch sitzen.

Mobilisierend wirkt Stromliniendesign. Man zieht Volkswagenpläne aus der Schublade. Der VW war von Ferdinand Porsche als preiswertes Massenverkehrsmittel entworfen worden. Porsche zeichnete eine weich geschwungene Stromlinienform mit tiefliegendem Schwerpunkt. Die Nationalsozialisten wollten mit dem Kraft-durch-Freude-Wagen das deutsche Volk motorisieren, was der Krieg verhinderte. Die Bundesrepublik holt es mit dem alten Entwurf erfolgreich nach. Der Käfer wird zum meistverkauften Kfz aller Zeiten.

Bild 48.3 Ferdinand Porsche, Volkswagen, um 1937

hfg ulm

In Ulm wird an der neugegründeten hochschule für gestaltung unter dem ersten Rektor Max Bill zunächst in der Bauhaustradition gearbeitet.
Wirtschaftwunder und wissenschaftlich-technische Entwicklung führen aber bald zu einer Neubestimmung, zum internationalen Zentrum für Lehre, Entwicklung und Forschung im Bereich der Gestaltung industrieller Erzeugnisse mit den Abteilungen Produktgestaltung, Visuelle Kommunikation, Bauen, Information. Man gibt die eher handwerklich geprägten Traditionen des Bauhauses auf und orientiert sich an Wissenschaft und Großserien-Technologie, kooperiert deshalb mit der Industrie. Nicht mehr Lampen und Stühle sollen die Entwurfsarbeit bestimmen, sondern komplexere Aufgaben wie z. B. die Gestaltung von Nahverkehrssystemen.

---

hfg ulm

Ab 1952 planen und bauen die Geschwister Scholl-Stiftung und ihr verbundene Künstler und Intellektuelle aus der ganzen Welt die Hochschule für Gestaltung Ulm
1968 beschließt der Landtag Baden-Württembergs, die hfg ulm zu schließen, weil diese nicht bereit ist, sich in das bestehende Hochschulsystem einzugliedern.
Entwerfer: Otl Aicher, Max Bill, Gui Bonsiepe, Hans Gugelot, Georg Leowald, Herbert Lindinger, Tomás Maldonado, Herbert Ohl, Walter Zeischegg

7. DESIGNGESCHICHTE

Die Ausbildung der Designstudenten paßt man den neuen Aufgaben an und erarbeitet ein Entwurfssystem. Kritische Reflexion wird gefördert: Zeitweise dominierten Wissenschaftler und Planer über die eigentlichen Entwerfer. Unter dem Rektorat von Otl Aicher entsteht das Ulmer Modell, eine neue Designpädagogik, die die Designerausbildung in der ganzen Welt bis heute prägt, und ein neuer Designansatz, der Ulmer Neo-Funktionalismus. Rationale Gestaltung und Minimierung als Prinzip: weiß, grau, organisch- runde Form dort, wo sie aus ergonomischen Gründen gefragt ist, eckige oder kubische Tektonik, rechter Winkel, abgemildert durch Radien, wo es um Kompaktheit geht. Suche nach Lösungen, die in vielfältiger Weise zu gebrauchen sind: System-Design.

Bilder 49.1 – 3 Hans Gugelot, Herbert Lindinger, Helmut Müller-Kühn für Hamburger Hochbahn AG, Innenraum, Vorderansicht, Seitenansicht der U-Bahn Hamburg, 1960-62.
Innovative Umweltgestaltung mit System. Einteilige Seitenwände mit Boden und Decke aus einem neuen Material: Glasfaserverstärkter Kunststoff (GFK)

Bild 49.4 Trabant. Das tragende Stahlblechgerippe wird mit Duroplastmaterial aus Phenylharz und gepreßter Baumwolle beplankt.

7.8 Nach 1945: Sozialistisches Design

Ganz anders denkt man im Osten Deutschlands vom Design. Wie im Westen erkennt man zwar, daß wachsender Wohlstand die Nachfrage nach besseren und schöneren Dingen steigen läßt. Deshalb fordert man von der Produktgestaltung zweckmäßige und schöne Konsumgüter, Verkehrsmittel, Investionsgüter, Wohnungen, Arbeitsplätze und Betriebsanlagen. Das Design soll aber ein Lebensmilieu für die Mitglieder der Gesellschaft planen und schaffen, welches den speziellen Anforderungen des Sozialismus entspricht und die Überlegenheit gegenüber dem kapitalistischen Gesellschaftssystem sichtbar macht. (Martin Kelm, 1971, ehemaliger DDR-Staatssekretär)

Die Produktgestalter der DDR sind zwar auf der Höhe ihrer Zeit. Der Trabant z.B. ist ursprünglich ein fortschrittliches Auto gewesen, ein 3,50 m-Kleinwagen zur preiswerten Beförderung der Bevölkerung. Er war als Alternative zum Volkswagen des Klassenfeindes geplant. Die Plast(ik)karosserie, Motto »Chemie bringt Schönheit«, spart knappe Metallrohstoffe ein und rostet nicht. Mit dem klassischen Stufenheck sieht er aus wie ein richtiges Auto und wird bis 1991 nahezu unverändert produziert, der mittlerweile hoffnungslos veralteten Technik und neuen Designvorstellungen zum Trotz.

Design-Institutionen
1950 Neugründung des Deutschen Werkbund e.V., Zeitschrift »Werk und Zeit«, Förderung des funktionalen Design durch Wohnberatung mit Werkbundkisten, die vorbildlich gestaltete Produkte enthalten.
1952 Gründung des Rates für Formgebung auf Beschluß des Deutschen Bundestages: »Die Bundesregierung wird ersucht, im Interesse der Wettbewerbsfähigkeit der deutschen Industrie und des Handwerks und im Interesse der Verbraucher alle Bestrebungen zu fördern, die geeignet erscheinen, die bestmögliche Form deutscher Erzeugnisse sicherzustellen.«

7. DESIGNGESCHICHTE

Dieter Rams, geb. 1932 gelernter Tischler, 1955 als Architekt und Innenarchitekt bei der Braun AG, 1960 Chefdesigner, 1981 Professor für Industriedesign in Hamburg, Vorstandsmitglied des Rates für Formgebung.
»Das Braun audio 1 war ein modernes Gerät, von Grund auf neu entwickelt, voll transistorisiert, mit HiFi-Qualität, bahnbrechend und maßstabsetzend. Wir hatten es als Teil eines kompletten Systems von Wiedergabe-Bausteinen geplant, mit Tonbandgerät, Fernseher, Lautsprechern, speziellen Fußstellern.«
(Rams 1991)

Stiftung Warentest, 1965
Der kritische Verbraucher fordert vom Produkt:
Gebrauchstauglichkeit
Technische Sicherheit
Lebensdauer
Einfache Handhabung
Gute Gestaltung
Preiswürdigkeit

Bild 50.1 Systemdesign in Guter Form. Dieter Rams, Tuner-Receiver-Phono-Kombination Audio 1/2 mit Tonbandgerät TG 60, Fernsehgerät FS 600 und variablem Untergestell, 1962/63

7.9 Sechziger Jahre: Die Gute Form

Am Ende der 50er Jahre sind die Grundbedürfnisse der Verbraucher in der BRD weitgehend befriedigt. Ein Wandel tritt auf: Bedürfnisse und Kaufverhalten verlagern sich in Richtung Wohnen, Hausarbeit und Freizeitgestaltung, die industrielle Technik verändert die Verhaltensweisen der Menschen. Die Hersteller schaffen ein Riesenangebot gleichartiger technischer Geräte. Marktforschung und Marketing sorgen dafür, daß dieses Warenangebot auf das erwartete Kaufverhalten bestimmter Zielgruppen ausgerichtet wird. Der Designer überträgt die Vorgaben so auf das Serienprodukt, daß es sich im Warendschungel vom Konkurrenzprodukt abhebt. Designer, Werkbund und Industrie plädieren für die Gute Form; das sind Designempfehlungen mit Ulmer Geist. Im Überangebot der Waren, auch auf den Auslandsmärkten (denn die 60er Jahre sind exportbetont) soll sich das Produkt mit guter Form abheben und durchsetzen. In dieser Zeit entsteht das kritische Verbraucherbewußtsein und wirkt direkt ins Design, denn mancher Designer macht sich die Verbraucherforderungen zu eigen. Aus allen diesen Bestrebungen resultiert der deutsche Stil im Design. Zurückhaltend in der Erscheinung, funktional im Gebrauch, sachlich, rechteckig, weiß, grau, schwarz, dekorlos mit wenigen technisch notwendigen Details wie z.B. Schaltern.

Daß Design mit guter Form und Stil eine eigenständige Produktqualität werden kann und internationalen Markterfolg einbringt, erfassen in dieser Zeit relativ wenige Unternehmen wie die Firma Braun. Systemdesign und Erscheinungsbild des Unternehmens waren bereits von Designern der Ulmer Hochschule vorgedacht worden. Konsequent überträgt Chefdesigner Dieter Rams mit seinem Team die Gute Form auf alle Firmenprodukte (vgl. S. 40). Die Auswirkungen der Designmaßnahmen auf das Unternehmen, sein Erscheinungsbild, der Markterfolg lassen sich mit Behrens' Umgestaltung der AEG vergleichen.

Am Ende des Jahrzehntes lassen Studentenproteste gegen Politik und den sich abzeichnenden Wohlfahrtsstaat auch die Gute Form in einem anderen Licht erscheinen: Design wird als Warenästhetik abgetan, die keine Gebrauchswerte schaffe, sondern bloße Verkaufsförderung sei. Design verschwende Rohstoffe und zerstöre die Umwelt.

7.10 Siebziger Jahre: Alternativdesign

Die Gesellschaftskritiker lenken das Augenmerk des funktionalen Design auf öffentliche Bereiche. Es wendet sich von der bloßen Welt der Waren ab und reflektiert Lebensformen, Wohnen, Arbeitswelt, Gegenkultur. Alte Ulmer Themen werden aktuell. Man fragt nach Ergonomie und sozialem Nutzen, will die Arbeitswelt humanisieren und denkt über öffentliches Design nach.

Bild 50.2 Humanisierung oder Taylorisierung ? Nicht mehr der Mensch soll sich dem Arbeitsplatz anpassen, der Arbeitsplatz soll sich dem Menschen anpassen. Werksentwurf, Integrierter Büroarbeitsplatz IBS 5000, um 1970. Olympia-Werke und Mauser-Werke

Jochen Gros und die Gruppe des-in überdenken den Funktionalismus. Dieses Prinzip erscheint ihnen zu einseitig auf Rationalität ausgerichtet. Sie vermissen sinnliche und emotionale Ausstrahlung. Sie kritisieren, daß Gute Form nicht konsequent genug über das Ende der Produkte nachdenke. Wegwerfen sei keine Lösung. Das Alternativdesign der Gruppe bringt Gefühl und Ökogedanken zusammen. Die Gruppe ist konsequent und steigt aus dem normalen Designbetrieb aus. In der eigenen Werkstatt werden aus gebrauchten und neuen Industrieprodukten handwerkliche Dinge hergestellt und dem Verbraucher ohne Zwischenhandel angeboten.

Bild 50.3 Öffentliches Design. Alexander Neumeister, Informationssäule für Umweltqualität, 1974

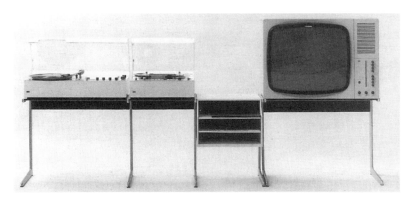

7. DESIGNGESCHICHTE

7.11 Design heute

Ein Drittel der Bevölkerung lebt in Single-Haushalten. Beruf und Karriere sind für viele Verbraucher Mittelpunkt des Lebens geworden. Ein Wandel der Werte, die unser Leben prägen, hohe Kaufkraft, viel Freizeit und Anspruchshaltung wirken sich aus: Der Verbraucher fordert mehr als nur Funktionalität vom Produkt. Er erwartet vom Design Identität, Individualität und Lebenssinn und ist bereit, für entsprechend exklusive Produkte viel Geld auszugeben.

Kühle Profiprodukte sind die Antwort des funktionalen Designs. Arbeitsweisen und Arbeitsgerät aus der Berufspraxis von Spezialisten werden von Herstellern und Designern untersucht, in Profidesign umgesetzt und Normalverbrauchern zugänglich gemacht, die damit professionell fotografieren, Musikhören, Skifahren oder kochen können.

Antifunktionalismus dagegen bieten Ettore Sottsass, Gründer der Gruppe Memphis, und andere Designer aus Italien und Deutschland an. Seine fröhlichen Möbel sollen nicht nur im Wohnzimmer, sondern in möglichst vielen und unterschiedlichen Räumen stehen können. Memphis-Design soll nicht nur einer einzigen Gebrauchs-Funktion dienen, sondern viele Funktionen erfüllen. (Siehe Seite 41)

Wenn Funktionalismus und Antifunktionalismus als Designphilosophie gleichzeitig auftreten, bedeutet dies, daß jede für sich nicht in der Lage zu sein scheint, die Bedürfnisse der Verbraucher abzudecken, nicht einmal im überschaubaren, häuslichen Rahmen.

Kann dann Design überhaupt die Antwort auf die von ihm ja mitverursachten Probleme unserer Zeit geben?

Bild 51.1   Alternativdesign:
Reifensofa von Jochen Gros, Gruppe »des-in«, 1974
Alte Autoreifen als Kritik des reinen Funktionalismus

Bild 51.2   Ettore Sottsass, Raumteiler Carlton, 1981
Oberfläche Plastiklaminat, 1. Memphis-Kollektion. Als Regal zwar tauglich, aber eher kostspieliges Mittel der Selbstdarstellung (Siehe auch Seite 41)

Bild 51.3   Profidesign für Hobbyisten.
Bulthaup-Werkdesign-Team, Küchenwerkbank, 1988

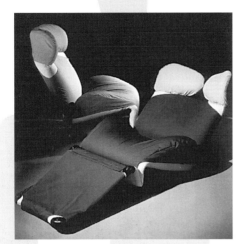

Funktionalismus und Antifunktionalismus
Sessel Wink, 1980, Toshiyuki Kita.
Vielfältig verstellbarer »Auto«-Sitz mit Mickymaus-Ohren und auswechselbaren Bezügen

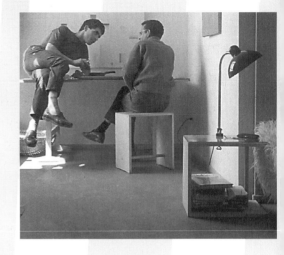

Hochschule für Gestaltung Ulm
Ulmer Hocker, 1954, Max Bill, Hans Gugelot.
Arbeitsstuhl und Bücherablage für Studenten

Recyclingmaterial in würdevoller Form
Little Beaver, 1987, Frank O. Gehry.
Verleimter Wellkarton in limitierter Auflage

Gute Form
Stuhl BA 1171, 1966, »Bofinger-Stuhl«, Helmut Bätzner.
Stabil und unempfindlich: farbiger Kunststoffstuhl für drinnen und draußen

Jugendstil
Stuhl, 1898, Henry van de Velde.
Organische Formen aus Holz

Erfinderästhetik
Sessel Nr. 14, 1859, Michael Thonet.
Neue Technik für zeitlose Eleganz

Gestaltung im Nationalsozialismus
Bestuhlung für mehr als tausend »Parteigenossen« im Speisesaal der Reichsordensburg Sonthofen, o. J., Hermann Giesler

Klassizismus und Biedermeier
Tafelrohrstuhl, 1823-24, K. F. Schinkel.
Schlichte Form an der Schwelle zum
Industriezeitalter

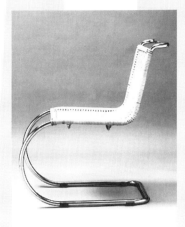

Bauhaus
Stuhl MR.,1926, Ludwig Mies van der Rohe.
Weniger ist mehr:
der erste echte Freischwinger ohne Hinterbeine

Handwerksreform
Diwansessel mit Stoffmuster Pfau und Drache, um 1870
Firma Morris & Co.
Handgearbeitete »Natur« für Städter

Historismus
Neo-Renaissance-Stuhl, um 1875/80.
Stilbruch im Sitzen?

Wirtschaftswunder
Klapp-Stuhl SE 18, 1952, Egon Eiermann.
Staubarer Schichtholzstuhl für öffentliche
Gebäude und mobiles Wohnen

Konstruktivismus
Rot-Blau-Stuhl, 1918, Gerrit Thomas Rietveld.
Nicht nur zum Sitzen: Raumobjekt aus maschinell
vorgefertigten, farbigen Holzteilen

Bauhaus
Wassily-Sessel, 1925, Marcel Breuer.
Funktionalismus – Stühle als »notwendige
Apparate modernen Lebens«

8. DESIGNLEXIKON

Antifunktionalismus
Gestaltungsweise, die sich gegen eine einseitige Orientierung am Zweck eines Produktes richtet. Man spricht in diesem Zusammenhang gelegentlich auch von »Alternativdesign«.

Ästhetische Funktion
Hauptkriterium zur Beurteilung der ästhetischen Funktion ist das Zusammenwirken von Haupt- und Nebenformen, aber auch von Farbe, Material und Oberfläche. Dieses Zusammenwirken bestimmt, ob das Erscheinungsbild eines Produktes dem Betrachter »gefällt«.

Briefing
Information, in der die Rahmenbedingungen wie z.B. Produktbeschreibung, Ausstattung, Marktposition oder Zeitplan eines Design-Auftrages festgelegt werden.

Corporate Design
Wichtiges Stichwort im Design-Management: Gestaltung des Erscheinungsbildes einer Firma, einer Organisation oder eines Unternehmens. Dabei legt man großen Wert auf eine einheitliche Gestaltung von der Firma über ihre Produkte bis hin zu ihrer Werbung. Selbst das Briefpapier oder die Bekleidung der Mitarbeiter wird auf diese Firmen-Identität abgestimmt. Einer der Wegbereiter dieser Philosophie war Peter Behrens für die AEG.

Corporate Identity
Die Unternehmens-Identität, auch »Firmenpersönlichkeit« genannt. Das Corporate Design ist mit allen anderen Unternehmens-Aktivitäten Teil der »CI«.

Corporate Image
Bild, das diese Unternehmens-Identität in der Vorstellung der Betrachter bzw. der Kunden erzeugt.

Design
Umgangssprachliche Bezeichnung für den Entstehungsprozeß der Gestalt industriell hergestellter Serienprodukte. Die genauere Bezeichnung ist daher Industrie-Design.

Designer
Berufsbezeichnung für diejenigen, die sich mit diesem Prozeß beschäftigen.

Design-Management
Teil eines Unternehmens, in dem der Design-Prozeß geplant und organisiert wird.

Entsorgung
Vorgang der Beseitigung von Produkten, die für den Gebrauch oder Verbrauch nicht mehr geeignet sind (Müll, Abfall...).

Ergonomie
Wissenschaft, die sich mit der Anpassung der Arbeitsbedingungen an den Menschen befaßt. Ergonomisch gestaltete Arbeitsgeräte/-plätze verbessern z.B. die Arbeitsbedingungen.

Form
Äußere plastische Gestalt.

Funktion
Tätigkeit oder Aufgabe eines Menschen, einer Sache oder eines Gerätes, meist in einem größeren Zusammenhang.

Funktionalismus
Bezeichnung dafür, daß sich die Gestaltungsweise fast ausschließlich am Zweck eines Gebrauchsgegenstandes orientiert.

Gebrauchsgüter
Gegenstände, die man benutzt, ohne sie zu verbrauchen. (Vergleiche Verbrauchsgüter!)

Gebrauchswert
In welchem Maß eignet sich ein Produkt für bestimmte Funktionen oder Zwecke? (Schließt die praktische, die ästhetische und die symbolische Funktion mit ein!)

Grafik-Design
Planen und Entwerfen von Bild-Mitteilungen aller Art (z.B. Werbung). Entscheidend ist, daß die beabsichtigte Aussage beim Betrachter auch richtig »ankommt«. Grafik-Design gehört zum »Kommunikations-Design«.

Gute Form
Seit den 50er Jahren eine allgemeine Qualitäts-Bezeichnung für Design, bei dem Kriterien des Funktionalismus im Vordergrund stehen. Heute wird die Bezeichnung als Name für den Bundespreis für Design verwendet.

Industrie-Design, Industrial Design, Produkt-Design
Diese Begriffe haben annähernd dieselbe Bedeutung. (Siehe Design!)

Kitsch
Massenhaft hergestellte Gegenstände mit niedrigem Gebrauchswert, deren übertriebene Gestaltung mit diesem Gebrauchswert jedoch wenig zu tun hat. Häufig wird Kitsch als Kunstersatz mißbraucht.
In Bildern spiegelt Kitsch auf sentimentale Weise die Idylle einer heilen Welt.

Kosten-Nutzen-Verhältnis
(Siehe Preis-Leistungs-Verhältnis)

8. DESIGNLEXIKON

Logo
Marken- oder Firmenzeichen

Marketing
Das gesamte Handeln eines Unternehmens, um seinen Produkten größere Marktanteile zu verschaffen. Dazu gehören Marktforschung, Marktanalysen, Marktsteuerung, Anpassung des eigenen Produktes an den Markt, Werbung, Vertrieb...

Massenware
Gegenstände, die in sehr großer Anzahl völlig identisch und preiswert hergestellt werden. (z.B. Plastikbecher)

Materialgerechtigkeit, materialgerecht
Bezeichnung für die Verwendung von geeignetem Material oder Werkstoff für einen Gegenstand und seine Produktionsbedingungen sowie eine dem Material entsprechende Verarbeitung.

Ökologie
Wissenschaft, die sich mit der Beziehung der Lebewesen zu ihrer Umwelt befaßt. (Teilgebiet der Biologie)

Öko-Design
Design, das die Erkenntnisse der Ökologie in den Gestaltungsprozeß einbezieht.

Praktische Funktion
Frage nach der Gebrauchsfähigkeit eines Gegenstandes. Mit ihr soll herausgefunden werden, in welcher Weise und in welchem Maß der Gegenstand den ihm zugedachten Zweck erfüllt.

Preis-Leistungs-Verhältnis
Abwägen von Kosten und Gebrauchswert eines Produktes.

Produkt
ist das Fremdwort für »Erzeugnis«.

Produktqualität
(Siehe Gebrauchswert!)

Prototyp
Modell einer Neuentwicklung, das in Form, Funktion und Material schon weitestgehend dem späteren Serienmuster entspricht, anhand dessen sich vor Serienanlauf die praktische Eignung bereits erproben läßt.

Rat für Formgebung
ist eine überstaatliche Organisation, die die Bundesrepublik Deutschland in allen Gremien, die sich mit Design befassen, vertritt. Er versteht sich in erster Linie als Bindeglied zwischen Staat und Wirtschaft.

Recycling-Design
Design, das die Weiter- oder Wiederverwendung von »ausgedienten« Gegenständen bzw. deren Material in den Gestaltungsprozeß neuer Produkte (meist mit anderem Zweck) einbezieht.

Re-Design
Gestalterische Überarbeitung bestehender Produkte mit dem Ziel der schrittweisen Verbesserung des Gebrauchswertes für den Benutzer.

Serienproduktion
(Meist industrielle) Anfertigung einer größeren Anzahl von Erzeugnissen gleicher Art und Ausführung.

Signet
(Siehe Logo!)

Stil
Charakteristische Gestaltungsweise und Technik für eine bestimmte Zeit oder Gegend.

Styling
Modische Formgebung, die nicht aus der Funktion und dem Gebrauch heraus entsteht, sondern aus den Bereichen, die gerade »in« sind, übernommen wird.

Symbolische Funktion
Die symbolische Funktion entscheidet u.a. darüber, ob ein Produkt zu seinem Besitzer paßt, ob es ihm ein höheres Ansehen vermittelt oder vortäuscht, wie der Besitz dieses Produktes auf die Mitmenschen wirkt... Die symbolische Ebene ist »unsichtbar«, zeitabhängig und wechselt wie die (oder mit der) Mode.

Unikat
Gegenstand, den es in gleicher Art nur einmal gibt. So sind fast alle handgemachten Erzeugnisse Unikate, da sie jedesmal etwas anders ausfallen.

Verbrauchsgüter
Güter, die sich dadurch auszeichnen, daß sie nach ein- oder mehrmaliger Nutzung verbraucht, d.h. nicht mehr vorhanden sind z.B. Lebensmittel. (Vergleiche Gebrauchsgüter!)

Visuelle Kommunikation
Bezeichnung für die Verständigung mit Hilfe von Bildern (Siehe auch Grafik-Design!)

Werkstoff
Rohmaterial, aus dem etwas hergestellt werden soll.

Wirtschaftlichkeit
Das Verhältnis von Kosten oder Aufwand für ein Produkt und dem persönliche Nutzen oder Gewinn. Produzent und Konsument beurteilen das Verhältnis in der Regel unterschiedlich.

LITERATUR- UND BILDNACHWEIS

LITERATURNACHWEIS

Albus, V.: Gefühlscollagen – Wohnen von Sinnen, Ausstellungs-katalog; Köln 1986

Behrens, P.: Vortrag über Kunst und Technik (1910); zit. nach: Buddensieg,T./Rogge, H.:Industriekultur. Peter Behrens und die AEG 1907-14, Berlin 1981

Blätter zur Berufskunde, Grafik-Designer/Grafik-Designerin; Bielefeld 1989

Braun, E.; frei zit. nach D. Rams in einem Gespräch am 14. 12. 90; Frankfurt a.M.

Braun, J.; zit nach: Rams, D.: Design…,a. a. O.

Design – die angewandten Künste; in: art – Das Kunstmagazin, Heft 12, Hamburg 1987

Design-Fibel (Schriftenreihe des Rat für Formgebung), Frankfurt a.M. 1989

dtv-Brockhauslexikon, Bd. 4, Mannheim 1986

Duden Bd. 1, Bd. 5; Mannheim/Wien/Zürich 1980, 1974

Gropius, W.: Architektur. Wege zu einer optischen Kultur; Frankfurt a. M./ Hamburg 1956

Industrie Forum Design Hannover (Hrsg.): Dieter Rams, Designer. Die leise Ordnung der Dinge; Göttingen 1990

Kunstflug; zit. nach BAUWELT, Heft 29; Berlin 1985

Le Corbusier; zit. nach: Moderne Klassiker. Möbel, die Geschichte machten; Hamburg o.J.

Löbach, B.: Design durch alle; Braunschweig 1983

Morris, W.: Einige Hinweise zum Entwurf von Mustern (1881); London 1900-1915

Rams, D.; zit. nach Lindinger, H. (Hrsg.): hochschule für gestaltung ulm. Die Moral der Gegenstände; Berlin 1991

Rittner, V. in: Kamper/Rittner: Zur Geschichte des Körpers. München/Wien 1976

Rosenthal, Ph.; zit. nach Schönwandt, R.: German Design. Neue Dimensionen für Form und Funktion; Darmstadt 1985

Schinkel, K.-F.: Vorwort zu Vorbilder für Fabrikanten und Handwerker; Berlin 1821 - 1837

Selle, G./Boehe, J.: Leben mit den schönen Dingen; Reinbek b. Hamburg 1986

Sottsass, E.; zit. nach einem Interview in der Zeitschrift »Wiener«, Heft 1, München 1990

Sottsass, E.; zit. nach Müller, D.: Lust am Design; München 1988

Van de Velde, H.: Die Renaissance im modernen Kunstgewerbe (1901); zit. nach: Meurer, B./Vinçon, H.: Industrielle Ästhetik; Gießen 1983

Zankl,G./Heufler, G.: Produktgestaltung; Linz/Wien 1985

BILDNACHWEIS

1992 The Estate and Foundation of Andy Warhol/ARS, New York: Abb. 35.2

AEG, Frankfurt: Abb. 46.1

Apple Computer GmbH, Ismaning: Abb. 18.3

Audi AG, Ingolstadt: Abb. 22.1

Bauhaus-Archiv Berlin: Abb. 47.1

Bildarchiv Preussischer Kulturbesitz, Berlin: Abb. 43.3

Braun AG, Kronberg: Abb. 40.1, 50.1

bulthaup GmbH & Co, Aich: Abb. 51.3 Abdruck kostenfrei

Bundesminister für Verkehr, Bonn: Abb. 8.1

Bundesministerium f. Arbeit u. Sozialordnung, Bonn: Abb. 18.4

Cocktail-Photo Cornelia Renson: Abb. 31.2

Constance E. Breuer, New York: Abb. 36.2, 47.1

Deutsche Bundesbank, Frankfurt a. M.: Abb. 8.2

Deutsche Lufthansa AG, Köln: Abb. 8.3-5

Deutsches Rundfunkmuseum e.V.,Berlin: Abb. 48.2

Die Neue Sammlung, Staatliches Museum für angewandte Kunst, München/Sophie-Renate Gnamm: Abb. 45.3

Duales System Deutschland: Abb. 19.1

FILA Deutschland GmbH, Dasing: Abb. 22.1

frogdesign, Altensteig: Abb. 10.1, 11.1, 12.1-4, 13.1-3, 14.1-3, 15.1-3

Gebrüder Thonet GmbH, Frankenberg: Abb. 44.1/2

Gros, J., Hochschule f. Gestaltung Offenbach/Main: Abb. 51.1

Grundig AG, Fürth: Abb. 22.1

Heitmann, A., CH-Stabio: Abb. 27.2

Hocker, J., Köln: Abb. 31.1

IBM Deutschland, Böblingen: Abb. 22.1

IKEA Deutschland, GmbH & Co, Eching: Abb. 19.2

Institut für Auslandsbeziehungen Stuttgart: Abb. 44.3, 45.1

Jünger, E.u.L.: Abb. 16.1/2

Koliusis, N., Stuttgart: Abb. 44.3, 47.2

Kunstflug, Düss.-Lohhausen: Abb. 41.2

Kunsthistorisches Museum, Wien: Abb. 42.1

Landratsamt Esslingen: Abb. 7.2

Lindinger & Partner, Hannover: Abb. 49.1-3

Ludwig Forum für Internationale Kunst, Aachen: Abb. 30.1

Märkisches Museum, Berlin: Abb. 42.2

Mauritius/Krinninger; Stuttgart: Abb. 49.4

Mauser Waldeck AG, Waldeck: Abb. 50.2

MEMPHIS, Milano: Abb. 35.4, 35.5, 41.1, 51.2

Mendini, A., Italien: Abb. 36.1/3/4

Müller-Grünitz, E., Aschaffenburg: Abb. 44.4

Museum für angewandte Kunst, Köln: Abb. 42.3

Museum of Modern Art, N. Y.: Abb. 32.1, 32.2

Neumeister Design, München: Abb. 50.3

NIKE International: Abb. 22.1

Otto-Versand, Hamburg: Abb. 17.1, 25.1, 28.3

SEAT Deutschland GmbH, Mörfelden: Abb. 22.1

Selle, G.: Abb. 43.2

SONY Deutschland, Köln: Abb. 22.1

Staatliches Museum zu Berlin: Abb. 43.1

Staatliche Museen Kassel: Abb. 33.1

Storchenmühle, Marktleugast: Abb. 7.3

Ullstein Bilderdienst, Berlin: Abb. 48.3

Umweltbundesamt, Berlin: Abb. 19.1

Verband dt. Elektrotechniker, Frankfurt a. M.: Abb. 18.4

VG Bild-Kunst, Bonn:
Abb. 32.1/2, 33.1/2, 34.2, 35.5, 39.1, 45.2, 47.1

Visum/Meisel, R., Hamburg: Abb. 27.1

Volkswagen AG, Wolfsburg: Abb. 22.1

Wewerka, Stefan: Abb. 33.2

Doppelseite Stühle

Baresel-Bofinger, Heilbronn/Stuttgart: Abb. Bätzner, Bofinger-Stuhl

Cassina S. p. A., Milano: Abb. Kita, Sessel »Wink«

Die Neue Sammlung, Staatl. Museum f. angewandte Kunst, München/Sophie-Renate Gnamm: Abb. Rietveld, Stuhl »Rot-Blau«

Eugen Diederichs Verlag, Köln: Abb. Divansessel »Pfau und Drache«

Giesler, H. aus Sembach u.a.: »Die Kunst im Dritten Reich«, 1939, S.154; B. Taschen Verlag, Köln: Abb. Speisesaal Sonthofen

Hessisches Landesmuseum, Darmstadt/Sophie-Renate Gnamm: Abb. Van de Velde-Stuhl, 1898

Hochschule für Gestaltung, Ulm: Abb. Bill/Gugelot, Ulmer Hocker

Institut f. Auslandsbeziehungen, Stuttgart: Abb. »Neo-Renaissance-Stuhl«; Mies van der Rohe, Bauhaus-Stuhl; Schinkel, Tafelrohrstuhl

Vitra Design Museum, Weil a. Rhein: Abb. Gehry: »Little Beaver«

Wilde + Spieth GmbH & Co, Esslingen: Abb. Eiermann, Klappstuhl